青爱工程

爱的教育系列丛书

我的身体，我做主

青少年性教育启蒙

白　璐　编著　　张玫玫　审定　　小蜗牛科普　绘

全国百佳图书出版单位
中国中医药出版社
·北　京·

图书在版编目（CIP）数据
我的身体，我做主：青少年性教育启蒙 / 白璐编著 . —北京：
中国中医药出版社，2023.11
（爱的教育系列丛书）
ISBN 978-7-5132-8513-1

Ⅰ . ①我… Ⅱ . ①白… Ⅲ . ①青少年教育—性教育
Ⅳ . ① G479

中国国家版本馆 CIP 数据核字（2023）第 203410 号

中国中医药出版社出版
北京经济技术开发区科创十三街 31 号院二区 8 号楼
邮政编码　100176
传真　010-64405721
河北品睿印刷有限公司印刷
各地新华书店经销

开本 787 × 1092　1/16　印张 8.75　字数 138 千字
2023 年 11 月第 1 版　2023 年 11 月第 1 次印刷
书号　ISBN 978 – 7 – 5132 – 8513 – 1

定价　38.00 元
网址　www.cptcm.com

服 务 热 线　010-64405510
购 书 热 线　010-89535836
维 权 打 假　010-64405753

微信服务号　zgzyycbs
微商城网址　https://kdt.im/LIdUGr
官 方 微 博　http://e.weibo.com/cptcm
天猫旗舰店网址　https://zgzyycbs.tmall.com

如有印装质量问题请与本社出版部联系（010-64405510）

《爱的教育系列丛书》

专家指导委员会

张银俊： 全国政协·中国经济社会理事会理事，中国民主促进会第十五届中央委员会妇女儿童委员会副主任，中国青少年艾滋病防治教育工程办公室主任，北京青爱教育基金会理事长

白　璐： 中国家庭教育学会家校社共育专委会理事，中国性学会青少年性健康教育分会常务委员，北京青爱教育基金会学术委员会专家，北京性健康教育研究会理事

张玫玫： 首都师范大学心理学院副教授、硕士生导师，北京青爱教育基金会学术委员会专家，北京性健康教育研究会会长

邢海燕： 北京青爱教育基金会副理事长兼秘书长

序

性教育是少年儿童成长过程中不可回避的话题，这对他们的身心健康乃至一生的幸福都至关重要。长期以来，常见的性教育主要以行业实践者和社会组织带动为主，尚未达到普及的程度。“性教育的进行不应过早”“少年儿童对于性知识能够无师自通”“少年儿童性别角色教育‘标签化’”等误区都会给孩子们的健康成长埋下隐患，尤其公众对性教育本身缺乏足够的了解，阻碍了性教育的开展。作为一名教育工作者，我深知在相应的年龄阶段对少年儿童进行性教育是适宜的，也是必需的。性教育有着丰富的内容，除了生理方面的内容以外，还有心理、道德、社会、法律等方面。性教育是一个系统工程，应贯穿孩子的整个教育生涯：在幼儿园，要教他们认识男生和女生之间的差别，学会保护自己；在小学，要增加生理、心理、道德、安全等各方面的教育；到了初中、高中，就要告诉他们正确的两性关系及与异性相处的重要性、严肃性和责任性；进入大学，就要向他们介绍爱情、婚姻和家庭等方面的知识。在每一名少年儿童走向成人的过程中，这些都是不可回避的内容。

2006年，在我担任中国教育学会会长的时候，我与中华慈善总会共同立项启动了“中国青少年艾滋病防治教育工程”（简称“青爱工程”），并担任领导小组组长至今。十余年来，“青爱工程”在全国28个省（区、市）的千余所学校和社区援建青爱小屋，通过开展师资培训、专家讲座、校园宣讲、课程开发、图书出版等公益活动，推动性教育走进课堂、走进社区，为学生、老师和家长提供全面、科学、系统的性教育知识，填补少年儿童健康成长中曾经缺失的环节。

少年儿童接受科学、系统的性教育应趁早，社会对于少年儿童性教育的重视程度也应该进一步提高。随着新修订的《中华人民共和国未成年人保护法》、国务院颁布的《中国儿童发展纲要（2021—2030年）》以及教育部颁布的《未成年人学校保护规定》的落地实施，“性教育”首次被正式写入法律条文，被纳入基础教育体系和质量监测体系。性教育入法为家庭、社会、学校共同“发声”提供了法律依据，让性教育的开展有了坚实的政策支持，使性教育有了更加广阔的发展空间。这是社会的进步，也是文明的进步。

这些年，“青爱工程”在性教育领域做了积极的探索与实践，组织有关专家学者和一线教师编撰出版了《青苹果丛书》《青少年性健康及预防艾滋病教育教案集（小学篇）》《未成年人性侵害防范研究》等一系列性教育读本、教学参考书，启动开展“终结艾滋病性教育和人文教育普及活动”，并在国家卫生健康委员会、教育部、中国疾病预防控制中心指导下，录制了系统的《学校预防艾滋病和性教育》视频课程。基于该视频课程内容，“青爱工程”组织有关专家编撰出版了本套“爱

的教育系列丛书”，包括《我的身体，我做主：青少年性教育启蒙》和《我的成长，我负责：青春期性教育入门》2本，内容涉及小学到中学的各个年龄段，从性别、身体、安全、人际关系、审美等角度出发，讲解性健康及心理健康知识，引导少年儿童了解自己、了解生命、尊重生命，帮助他们树立正确的价值观。本套图书的编撰者白璐老师和审定者张玫玫教授，作为青少年性教育领域的专家，不但有扎实的专业知识和丰富的教学经验，而且还有着无限的爱心。编者及其团队长期参与“青爱工程”教师培训、教参编写、课程开发等工作，在实际工作中践行爱的精神，承担教育之责。在此，我要感谢所有在本书出版过程中付出辛勤努力的工作者们，并祝贺本套图书的出版。

我衷心希望本套图书能够成为孩子与父母共同的读物，为孩子提供完备的健康教育，让他们能够健康成长。

中国教育学会原会长

北京青爱教育基金会终身名誉会长

2023 年 9 月

致读者的一封信

亲爱的同学：

你好，欢迎你打开这本书！

你在成长的过程中，可能对于自己的身体、性别、人际关系、感受等充满了各种各样的困惑，例如：我从哪里来？我的身体为什么长这样子？我如何保持身体健康？男孩女孩到底有哪些差异？如何与他人建立良好的人际关系？进入青春期后，你又会很好奇：我的身体会出现哪些变化？为什么会出现这些变化？月经、遗精到底是怎样的生理过程？青春期为什么会出现爱的感受和对性的好奇？青春期的人际关系为什么会变得更敏感？

你有这些困惑并不奇怪，所有的同学在成长过程中或多或少都会思考这些问题，对这些现象感到好奇，但又苦于无处寻找答案，可能也不好意思与他人谈论这些话题。但请你相信，有这些困惑是很正常的，不要因此感到羞耻或自责。

希望这本书能帮你打开探索真相之门。在这里，有很多经验丰富的老师，将那些困扰你的问题用图文并茂的方式讲解出来，还会将其他同学处理人际关系的经验分享给你，希望能解开你的困惑。但有时仅仅了解这些知识是不够的，也许你还需要在生活中通过与老师、家长、同学和朋友的交流，了解更多的信息和观点，慢慢形成属于自己的思想认知。不过不要着急，这需要一个过程，你会在成长的过程中慢慢做到这一点。

最后，衷心希望你在阅读这本书的过程中获得乐趣。如果你在阅读的过程中有任何的困惑，请勇敢地向家长或老师求助，让他们解答你的疑问，因为你提出的每一个问题都应该得到认真回应。

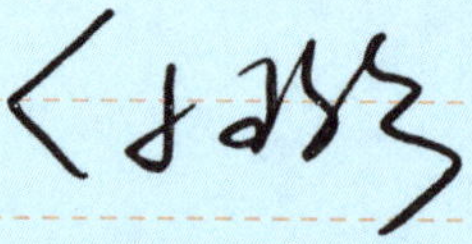

2023 年 9 月

编写说明

帮助青少年及儿童做好向成人过渡的准备一直是家长和老师们面临的巨大挑战，其中，性和性教育是核心问题之一。因为每个孩子从出生就开始了自我的性发育与性探索的历程，依据孩子的发育特点，提供有效的性教育是保证其健康成长的必要措施。

什么样的性教育才是有效的？大量的研究和实践证实，对于孩子的性健康成长最为有利的性教育一定是科学、全面、符合孩子的年龄和发育特点的。在国内外的纲要性文件中显示，科学、有效的性教育通常包括以下几类内容。

1. 性生理与性保健

男女两性生殖器官的结构与体表特征（第一性征）；生命的诞生；青春期概念，青春期性生理发育过程和特点；性机能的发育、表现及卫生（月经、遗精等）；第二性征的出现及保健措施；最佳生育年龄和优生优育；未成年人性（交）行为的可能结果和防护；人工流产的机理及后果；艾滋病教育，包括艾滋病的基本知识、传播途径及预防方法。

2. 性心理与性调控

悦纳自己的生理性别，逐步构建适合自己的性别人格；正确面对生理变化引起的心理反应；两性心理特征和表达方式特点；社会性别差异及其社会行为规范；异性交往中两性认知和情感过程的差异；正确对待性意识，调节和控制情绪的方法。

3. 性道德与性社会

性的社会属性，性权利和性价值观；社会的性道德原则和行为规范；社会性别角色和性别平等；友谊、友情和爱情的内涵；个人在家庭和社会中的责任；多样家庭结构的理解与适应；人生规划和珍爱生命；对艾滋病患者的关爱。

4. 性审美与性文化

性审美的内涵、要求、标准、特征；性审美的艺术表现、欣赏；适合年龄特点的性审美形象塑造；社会性别与性形象；性体像与文化；性审美与性文化；性文化的特征与种类，生殖图腾与婚俗文化，性文化对社会的影响，不同性文化的差异、理解；分清文艺作品中的情爱、色情描写。

5. 性自护与性法制

自我保护意识和方法，识别性骚扰，预防性侵害；非意愿性（交）行为的防范和拒绝，未成年人发生性（交）行为的法律规范；了解婴儿遗弃罪；认识毒品危害，预防各种不良成瘾；安全上网，适度交友，防止伤害。

本套书的编写就是依据以上 5 部分内容展开，结合不同年龄孩子的发育特点和认知水平，适合相应年龄段的孩子在老师、家长的指导下阅读。

《爱的教育系列丛书》编委会

2023 年 10 月

目录

第一章 我的身体

第一节 了解我的身体

亲爱的同学，你好！你是一个男孩还是一个女孩呢？相信你一定能迅速地回答出这个问题。但你有没有认真想过，怎么确定自己或他人到底是男孩（男性）还是女孩（女性）呢？

在回答这个问题之前，我们先来看看同样男女（雌雄、公母）有别的动物界吧！通过下面的图片，你能判断出这些动物的性别吗？

雄性的虾、蟹往往有较大的螯，雌性的螯则偏小。

通常雌蛛的体型远大于雄蛛，有些种类雌蛛体型甚至是雄蛛的 1000 ～ 1500 倍。

雄性孔雀通常具有如屏风般华贵的尾羽，雄性鸳鸯身披着五彩斑斓的羽毛，用来吸引雌性的关注。而雌性孔雀尾部短小无覆羽，雌性鸳鸯的羽毛相对暗淡，身上的颜色主要是黑、白、灰三种。

哺乳动物的雄性往往体型威猛、长毛獠牙、尖爪利齿。比如雄狮身材魁梧、长发飘逸，而雌狮则身材相对纤细、短发飒爽。

那么人类呢？也可以通过观察外形辨别性别吗？

这真是道难题，通过看一个婴儿穿的衣服、小脸长的样子，都不能准确地辨认出性别。还有什么办法呢？

相信你一定明白了，其实区分人类男性和女性最准确的方法就是通过生殖器官。接下来，我们就一起来了解人类男性和女性生殖器官的区别吧。

人类在地球上能够生生不息代代相传，全靠生殖器官。没有这些器官，人类就无法繁衍。所以，生殖器官是非常重要的。

怀孕的时候，孕妇会接受 B 超检测，看到肚子里宝宝的模样，从而确定宝宝的发育是否正常。

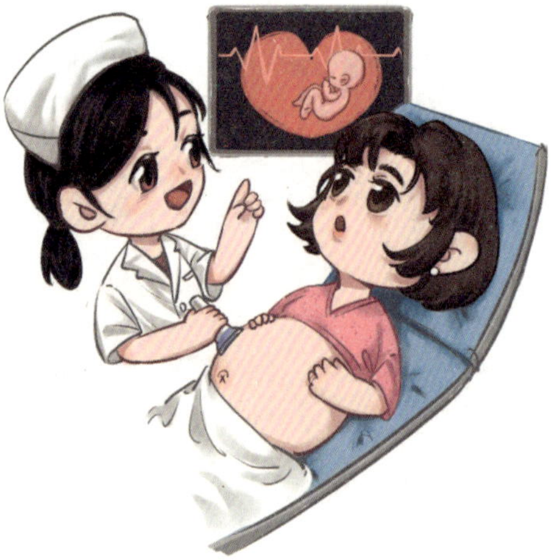

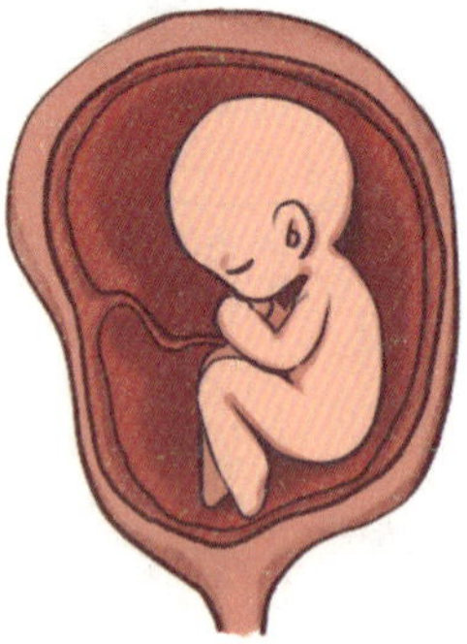

其实在肚子里的宝宝已经可以分清是男是女了，因为小男孩阴部有阴茎，而小女孩阴部有女性外阴特征。所以，在我们还没有出生时，性别就已经确定了。

男性和女性的大部分器官是相同的，但是生殖器官不同，这就是人类的第一性征。

当你出生时，医生会根据你的第一性征判断你的性别，并写在出生证明上，这就是你最早的性别证明了。

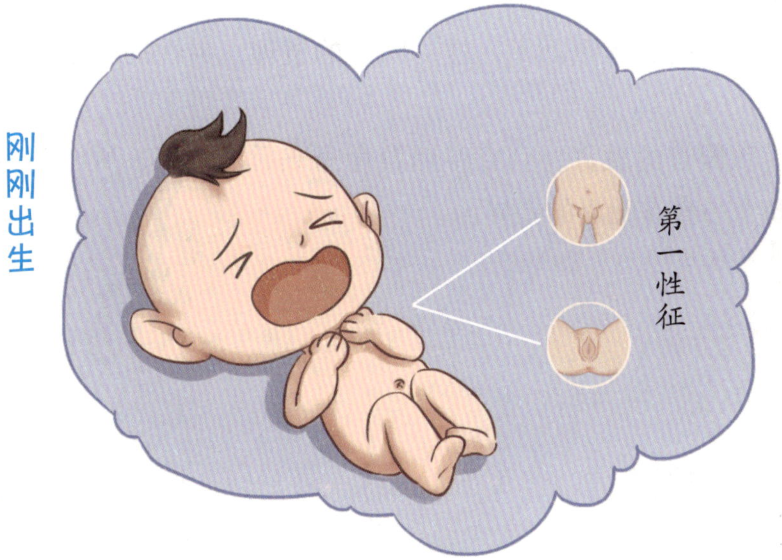

其实男孩的阴茎和女孩的外阴，只是生殖器官的一部分。由于人体有若干个不同的生殖器官，所以我们称它们为生殖系统。生殖系统中的生殖器官，可以根据存在的位置划分为内生殖器官和外生殖器官两类。

我们先来认识男性的生殖系统。

男性的外生殖器官有阴茎和阴囊。阴茎的头部叫龟头，包裹龟头的皮肤叫包皮。龟头的顶端是尿道口，这是男性小便的地方。

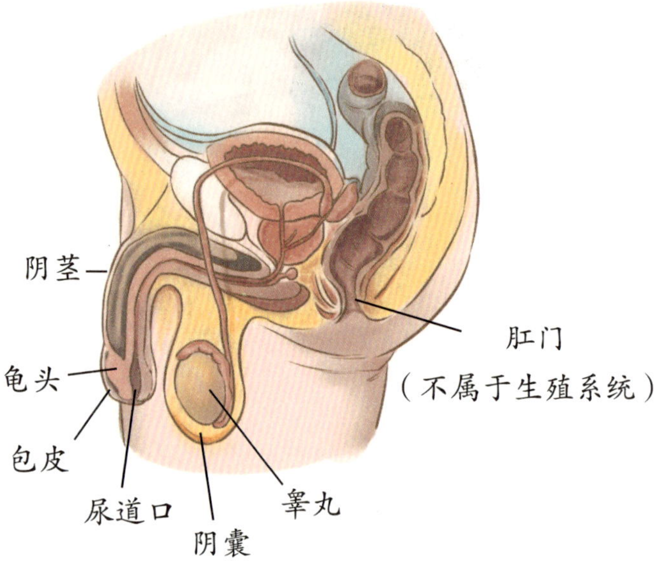

每个人的身高和体重都不一样，同样的道理，男性的阴茎大小也是不一样的。

男性生殖器官的发育要到青春期发育完成后才结束，所以小男孩和成年男性阴茎的大小会有明显的差异。

男性外阴部下垂的囊状物叫阴囊，里面有睾丸等器官。睾丸是男性非常重要的内生殖器官之一，正常男性都有左右两个睾丸。

进入青春期后睾丸会分泌雄性激素。雄性激素会让男孩子长出胡子，骨骼、肌肉变得更强壮。

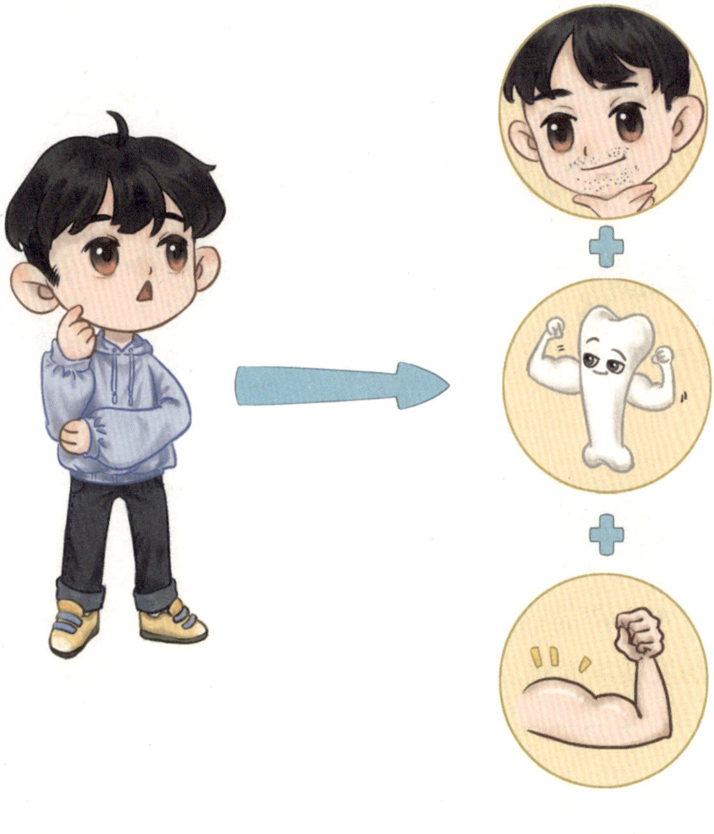

青春期是人的一生中从儿童发育到成人的过渡时期。女孩大概在 10 岁左右、男孩大概在 12 岁左右开始进入青春期。青春期的一个明显标志是出现第二性征，即除了生殖器官以外的外貌特征出现区别。比如：

女孩胸部、臀部发育，月经初潮。

男孩变声、长胡须，出现遗精。

当然，青春期的孩子除了生理上的变化以外，还会有很多心理上和能力上的发展与变化。

睾丸还有一个重要的作用，就是产生精子。

精子是人类生命的种子，只有男性的精子和女性的卵子结合成受精卵才能孕育新生命。

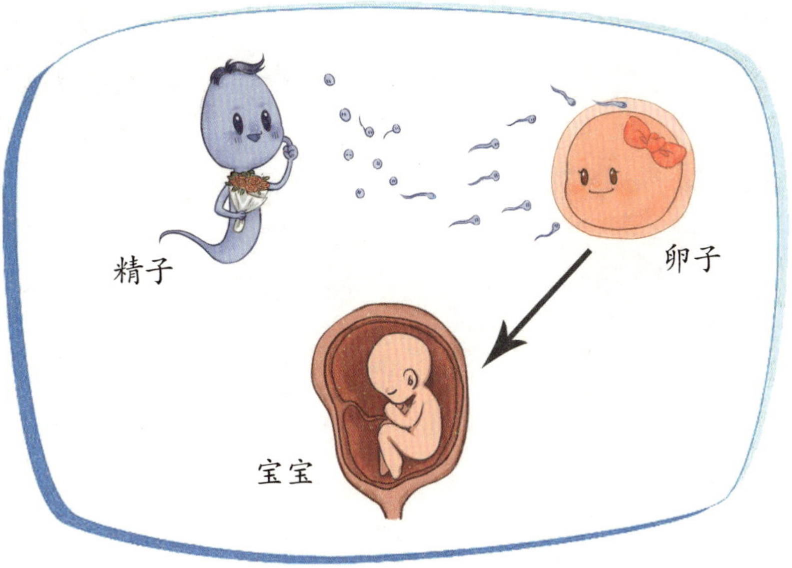

阴囊处于体外，且非常柔软，因此容易受伤，在日常生活中一定要注意保护。

比如在玩耍的时候，千万不可以故意踢打会阴部；在开展体育活动的时候，也要注意保护好自己。

为了保证睾丸的正常工作，阴囊还需要给睾丸提供适宜的温度环境。睾丸的温度须低于正常体温 1 ～ 2℃，精子才能正常地存活。

阴囊是怎么调节温度的呢？

如果你仔细观察，会发现阴囊上面有很多皱褶，这就是调节温度的“秘诀”。

当男性的裆部温度过高时，阴囊就会下垂，将皱褶打开散热；当裆部温度低时，阴囊就会紧缩，以保证睾丸的温度。比如洗热水澡的时候，由于水温高，阴囊就会明显地下垂；在游泳的时候，水温比较低，阴囊就会紧紧地缩在一起。

鉴于睾丸工作的温度限定得如此严格，男孩最好不要穿太紧的内裤和外裤，要留给阴囊一定的散热空间。

当然，男性生殖系统的奥秘不止于此，我们会在后面继续讲解更多知识。

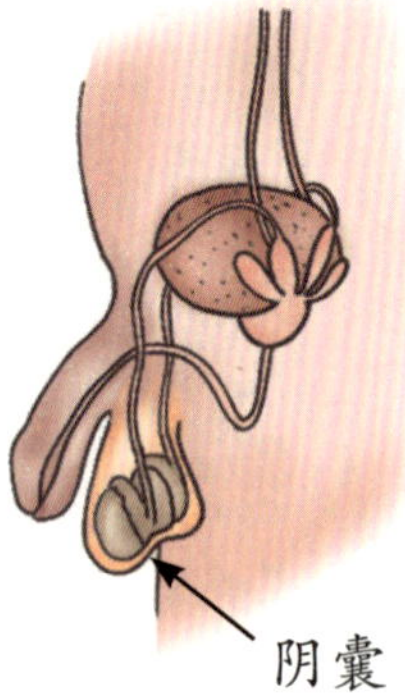

我们再来认识女性的生殖系统。

女性的外生殖器官统称为阴户，由阴蒂、阴唇和阴道口组成。阴道口是青春期来月经后经血排出的地方。在阴道口的上方是尿道口，是小便的地方；阴道口的下方是肛门，是大便的地方。

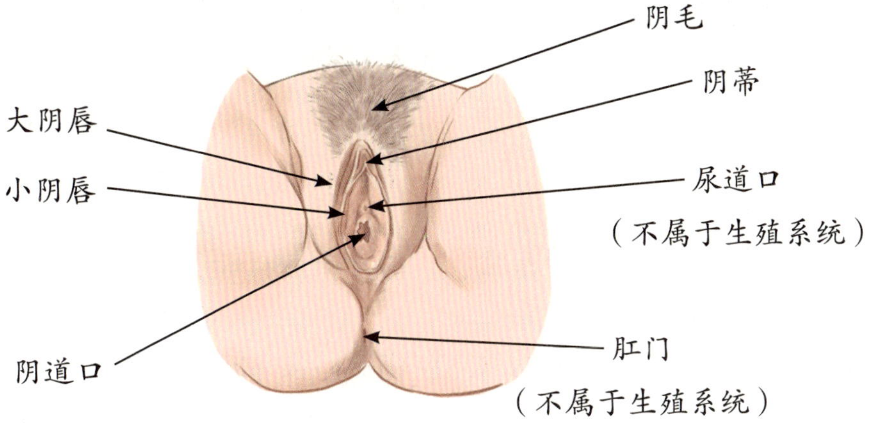

阴唇遮盖着尿道口（不属于生殖系统）和阴道口，保护它们不受病菌侵害。

因为男女尿道口所在的位置不同，所以男性和女性小便的姿势不同。

女性的内生殖器官处在下腹部内，在体外是看不到的。

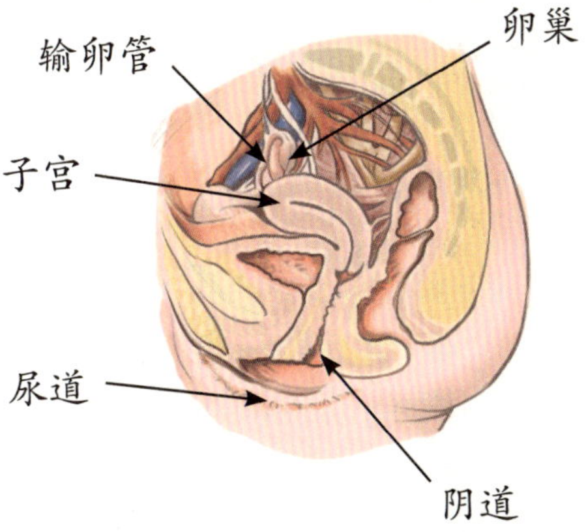

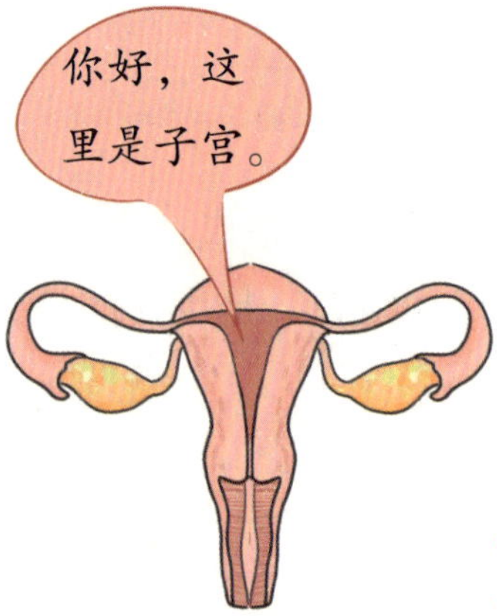

子宫看起来像一个倒放的梨，当妈妈怀孕时，胎儿就在这里生活和成长。子宫两侧各有一个对称的器官叫作卵巢，负责分泌雌性激素。雌性激素是促进女性性器官成熟的物质。女性进入青春期后的身体发育，比如乳房的长大，就是雌性激素导致的。

进入青春期之后，女孩卵巢里的卵子也会在雌性激素的作用下开始成熟，这时女孩就开始具备生育能力了。

子宫两侧连接卵巢和子宫的管道叫作输卵管。卵子成熟后，会从输卵管向子宫内移动。

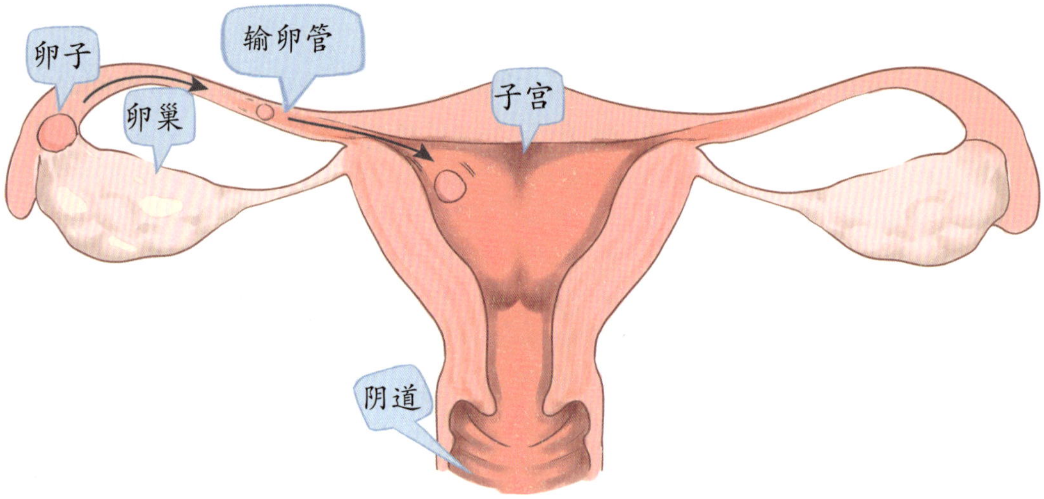

阴道，我们也把它叫作“生命通道”，因为胎儿孕育成熟后自然分娩就会从这里离开母亲的身体，来到这个世界。

读到这里，相信你已经了解男性和女性身体的秘密了，但也许你还有一个小疑问：什么决定胎儿是男还是女？

我们每个人的生命都开始于一个叫受精卵的细胞，它是由爸爸的精子和妈妈的卵子结合而成的。这个细胞不断分裂增殖，并最终孕育成一个完整的胎儿。

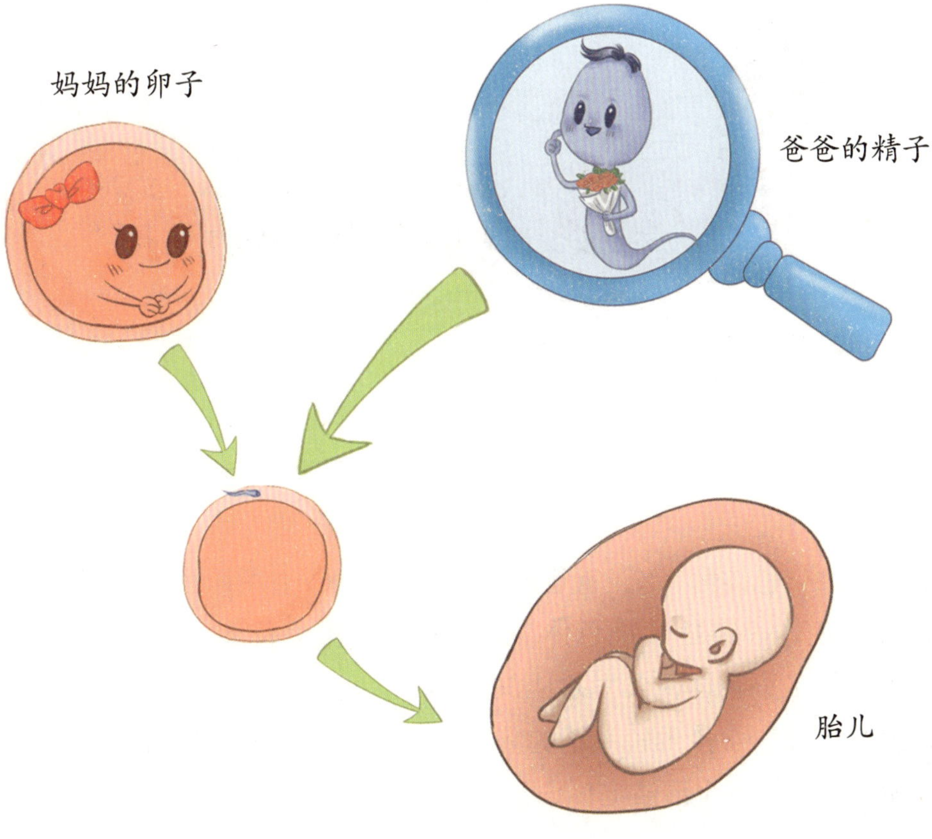

身体的每个细胞中都有 23 对（46 条）染色体，它们就像是一张张带着父母遗传信息的记忆卡，其中有一对非常特别的染色体决定了人类的性别，叫性染色体。

性染色体有两种：X 染色体和 Y 染色体。他们有两种组合方式：如果组合为 XY，受精卵就会发育成男性；如果组合为 XX，则发育成女性。

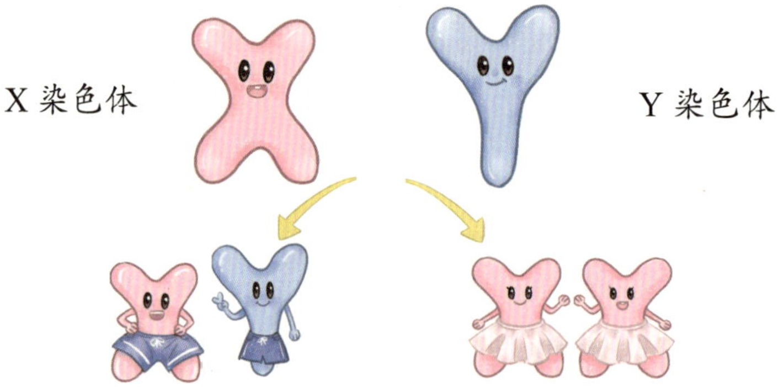

所以，你究竟是男孩还是女孩，在形成受精卵时就已经决定了。

提问：
你是男孩还是女孩，是由爸爸还是妈妈决定的呢？

答案：是由爸爸决定的。

为什么是由爸爸决定的呢？这和男性、女性体内性染色体的组成情况有关。

妈妈的性染色体为 XX，爸爸的性染色体为 XY。所以孩子从妈妈那里遗传到的性染色体一定是 X 染色体。而从爸爸那里遗传到的，可能是 X 染色体，也可能是 Y 染色体，概率各是 50%。

这就是男孩、女孩生殖系统的秘密啦！翻到下一节，我们继续来了解如何给生殖器官做好卫生清洁吧！

第二节 如何做好卫生清洁

亲爱的同学，你好！相信你对于如何洗澡并不陌生，但你有没有特别关注过外生殖器官的清洗呢？学会正确清洁外生殖器官的方法，是保护它们健康的重要基础。下面我们就一起来了解一些重要的卫生清洁原则吧。

对于女孩来说，当我们要清洗外阴时，有3个要点一定要记住。

1. 要先洗前面阴唇的部位，再洗后面肛门的部位

肛门是排便的通道，会存在多种细菌，如果不注意顺序容易将细菌带到阴道口和尿道口，造成感染。这和我们大便之后一定要从前向后擦是一个道理。

2. 清洗时要注意阴部缝隙、褶皱的清洁

在我们的大腿根部和大阴唇之间、大阴唇和小阴唇之间都存在一些缝隙褶皱，在清洁时要轻轻扒开这些部位的褶皱，用手指肚而不是指甲将里面清洗干净，因为这些部位非常柔软且易受伤。

3. 不要使用肥皂、沐浴露，也不要洗阴道内部

清洗外阴时用温水即可，不要用肥皂、沐浴露等清洁用品，也不要将手往阴道里面伸、抠，更不要把水灌到阴道里面。因为阴道内部有一套清洁系统，在里面负责阴道的清洁，如果用清洁用品或水清洗阴道内部，就会破坏阴道的清洁系统，反而容易使阴道生病。当你使用肥皂、沐浴露洗澡时，只要避开生殖器官就可以啦！

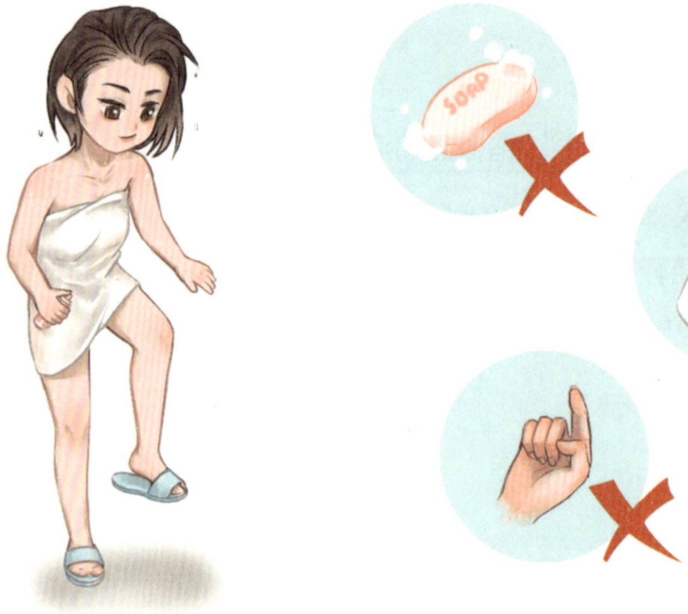

男孩同样有 3 个要点要记住。

1. 先清洗阴茎、阴囊，后清洗肛门

和女孩一样，男孩在清洁时也要避免肛门的细菌污染生殖器官。虽然男孩的生殖器官没有女孩的那么容易感染，但阴茎头部的尿道口也存在被细菌侵袭的可能性。

2. 注意清洁力度

阴茎和阴囊相对比较脆弱，如果用力抓或挠，就容易受伤，所以在清洁时用手指肚轻轻揉搓清洗即可。

3. 注意包皮下的清洗

相信你还记得，龟头上包裹着包皮，包皮和龟头之间是最容易藏污纳垢的。所以在进行清洁时，一定要将包皮轻轻翻开，露出龟头，并仔细清洁龟头的周围，尤其是龟头后边那个叫“冠状沟”的地方。

如果不翻开包皮进行清洁，就有可能造成感染，甚至包皮会和龟头粘在一块，引发炎症和疼痛。

小知识

翻开包皮的时候不要用力，要轻轻用力，一旦感觉疼了要停止，否则容易造成损伤。如果你发现没办法拉开包皮露出龟头，一定要及时告诉家长。

除了以上的3个要点之外，还有一些卫生清洁的原则是男孩、女孩都要遵守的。

1. 清洁外生殖器官时要用流水

清洁外生殖器官时尽量不用盆浴，因为这可能导致肛门及周围的细菌跑到外生殖器官去。所以，在清洁的时候，可以用花洒放出温水清洗，或者用干净的水盆浇水冲洗。

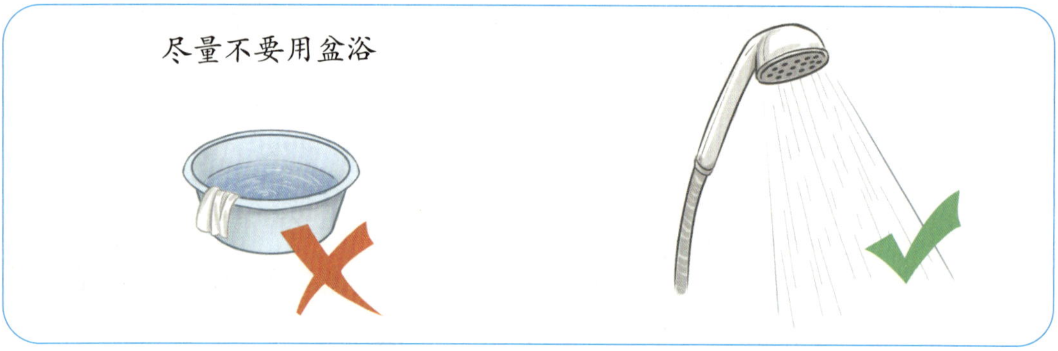

如果用水盆的话，一定要注意水盆的清洁，做到每次用前、用后清洗水盆，并在不用时将它放在干燥、清洁的地方。

2. 最好每天清洗一次外生殖器官

如果你不是每天都洗澡的话，也可以在睡觉前单独清洗一下外生殖器官。

3. 清洗后要保持外生殖器官的干燥

洗完之后一定要擦干（最好用一条专用的毛巾）或者晾干外生殖器官，然后换上清洁、干燥的内裤。

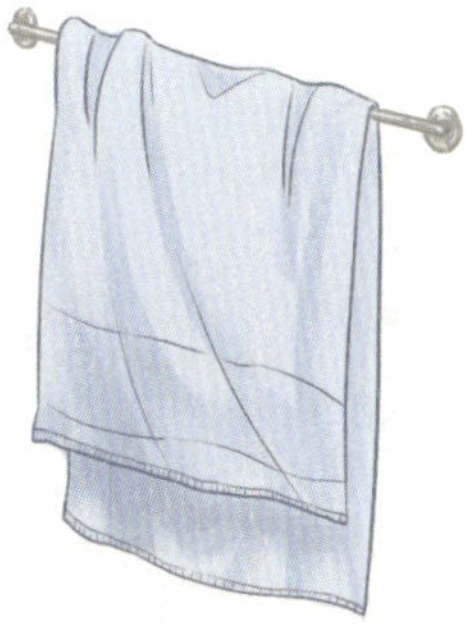

换下的内裤要及时清洗，并且晾晒，因为太阳光照射可以起到很好的杀菌作用。在日常生活中不小心把内裤弄湿了，要及时更换，因为潮湿的环境容易滋生细菌，不利于生殖器官的健康。

4. 尽量选择棉质、透气的内裤

棉质、透气的内裤最不容易滋生细菌，也最舒适。如果你觉得内裤不舒服，一定要及时更换。

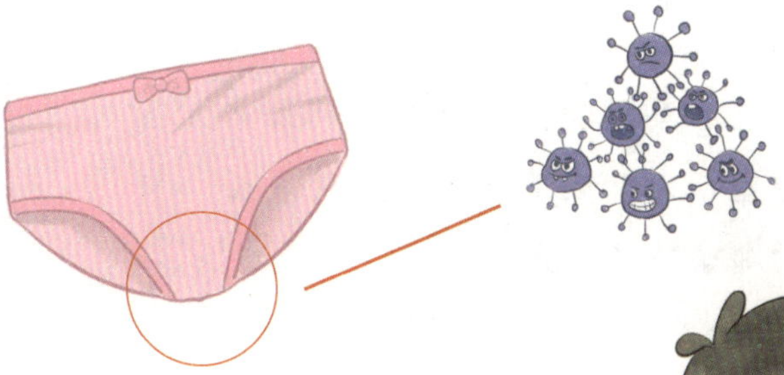

无论是男孩、女孩，如果在日常生活中感觉到外生殖器官有任何不适，比如痒、疼或是发红、发肿，都要及时告诉家长，到医院检查，看看是否需要治疗。

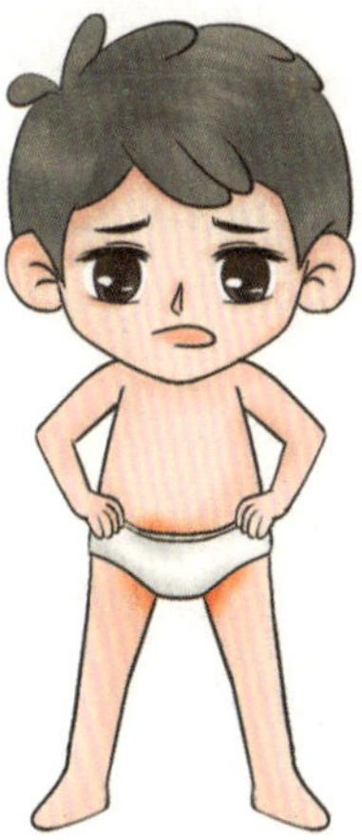

相信每位同学都能够当好自己外生殖器官的“安全小卫士”。

第三节 认识隐私部位

亲爱的同学，你好！你听说过“隐私”和“隐私部位”这两个词吗？它们到底指的是什么呢？

在回答这个问题之前，我们先来看一看右边这个雕塑作品。你认识它吗？

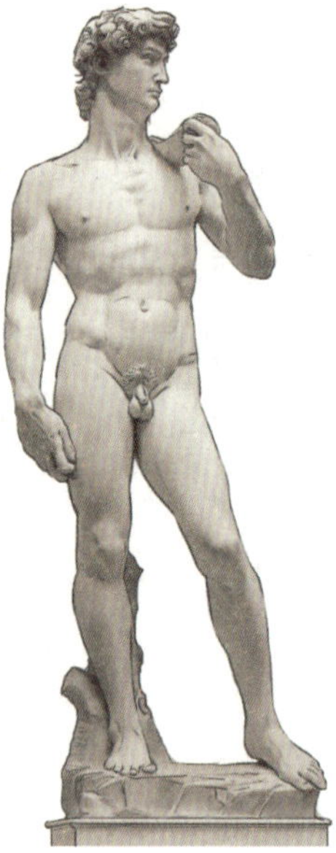

答案揭晓：这是意大利著名雕塑家米开朗基罗非常有代表性的雕塑作品《大卫》。

虽然这个艺术作品非常知名，但因为刻画的是裸体形象，还是引起了很多争议。

在 1857 年，人们用 28 片铜制无花果树叶遮住了大卫的生殖器官。

到了 2016 年，5 米多高的大卫复制品雕像在俄罗斯圣彼得堡广场展出的时候，当地居民还搞了一次为期一周的投票，投票的内容就是：要不要给大卫穿衣服，以及应该给大卫穿什么样的衣服。

为什么围绕大卫要不要穿衣服的问题有这么多的争议呢？其实，这就和我们提到的“隐私”和“隐私部位”有关。

隐私就是指我们自己的秘密，是不愿意让别人知道的那些事情。隐私部位是指我们不愿意被别人看到、碰到或者不愿意在众人面前暴露的身体部位。

当我们去游泳时，会观察到男孩、女孩的泳衣不同，这是因为男孩、女孩的身体构造是不一样的。通常来讲，被泳衣、泳裤遮盖的部位就是我们的隐私部位。

具体来说，对于女孩，隐私部位指的是胸部、外阴、阴道和臀部；对于男孩，隐私部位指的是阴茎、阴囊和臀部。

除了公认的隐私部位以外，也许还有一些其他的身体部位，是你不想被别人看到或碰到的，这也是非常正常的。例如有的人不想让别人看到自己的大腿，有的人不想让别人碰到自己的肩膀……这些都被我们称为每个人的身体界限。

身体界限不像隐私部位那样明确，并且每个人都可能不一样。所以，在人际交往中，如果别人突破了你的身体界限，你需要与对方沟通，让对方明白你的感受。他人表达了自己的身体界限，你也一定要理解和尊重。

看到这里，相信你已经明白了，为什么雕像《大卫》会引起那么多争议。隐私，是人与动物明显的区别。保护自己隐私的意识，是自然人进入人类社会后的第一个表现。所以，当提到、看到隐私部位时，大家会产生不舒服的感觉，这是人类特有的心理感受。

正是因为这个原因，人们很少在公开场合讨论关于隐私部位的话题，以避免让自己和他人不舒服。当然，我们更不可以使用一些不文雅的词语来形容隐私部位，或者用隐私部位说脏话。

不过，如果你对隐私部位或者其他相关的知识有任何困惑，完全可以和家长、老师讨论，也可以在这本书里寻找答案。

其实，隐私部位就像我们的眼睛、鼻子、胳膊、腿一样，是我们身体的一部分。认识隐私部位，了解它们对我们人体的作用，就能够更好地保护自己。

那么，我们该如何保护自己的隐私部位呢？

保护自己和他人的隐私部位有 3 个原则。

原则一　人人身体有界限，不许他人随意看和摸

保护自己的隐私部位，不被他人随便看和摸，是法律赋予我们每一个人的权利，也是我们每一个人的安全底线。即使一些越线行为没有恶意，也会让人感觉到不舒服和不受尊重。

请你来判断一下，以下行为是对还是错呢？

（1）在自己家里换衣服没有必要回避亲人。

（2）不论在哪里上厕所都要关门。

（3）我已经到了上学的年纪，我要自己洗澡。

（4）大人触摸孩子的隐私部位是表示喜欢的行为。

答案揭晓：

（1）错。

衣服的遮挡是对隐私部位的保护，不裸露身体的隐私部位是对自己和他人的尊重，即使在家里，也要自己在房间里换衣服。

（2）对。

无论在哪里上厕所都要关好门，在公共卫生间最好锁上门再上厕所。

（3）对。

小朋友到三四岁就要开始学着自己洗澡、洗屁股。也许刚开始家人会担心你着凉或洗不干净，但相信你一定会越做越好。

（4）错。

在一些地方还存在着大人拿孩子隐私部位开玩笑，甚至越界触碰孩子隐私部位的陋习。不论是谁这样做，你都要大声、严肃地制止："你不可以触碰我的隐私部位！"然后赶紧离开，并且把发生的事情告诉你可以信任的成年人，比如你的家长、老师。

做完这些判断题，相信你已经对如何保护自己的隐私部位有了很多了解，并且明白了隐私部位不能被他人随意看和摸。

原则二　安全接触有限制，父母在场很重要

隐私部位不应该被他人触碰，但有两种情况是例外。

第一种是医生出于检查需要，对你隐私部位的接触。比如你的生殖器官有不适，需要医生进行检查，这是安全的接触，但前提是你的家长在场。

第二种是家长出于清洁需要，对你隐私部位的接触。当孩子年幼时，还不能独立洗澡，就需要家长帮忙清洗身体，包括隐私部位。

原则三　欣赏艺术创造美，健康环境利成长

前面我们提到了雕像《大卫》，它展现了一个年轻健美的裸体男子形象。

理解一个艺术作品要先了解它创作时的时代背景。在《大卫》被创作出来的时期，意大利人民正饱受外来侵略者蹂躏，渴望能有一个英雄带着他们走出困境，而《大卫》这个作品就寄托着作者对人民的希望：每一个人民都能像大卫一样坚强有力、坚定不移，保卫自己的国家。而生殖器官作为身体的一部分，体现了作者希望人民生生不息和日益壮大的心愿。

当你理解了雕塑背后的含义，也许就不会因为大卫裸露的身体而感到不适了。

但和艺术作品不同的是，在生活中、网络上，也会有一些人用各种形式裸露隐私部位，或者谈论一些与隐私部位相关的话题，这些我们称之为色情内容。

当我们在生活中不小心走入色情场所时，请保护好自己，立刻离开，并告知家长或老师，主动向公安机关报案；在网络上看到色情内容时，则应关闭相关网页或手机应用程序等，并向管理部门投诉。

正确区分艺术与色情，自觉维护积极健康的生活和网络环境，会让我们更快乐、更安全地成长。

第二章

我的由来和我的家庭

第一节 我从哪里来

亲爱的同学，你好！你知道自己是从哪里来的吗？你问过家长这样的问题吗？

也许关于这个问题你听到过千奇百怪的答案。

比如：

孩子是小天使，是上天送给爸爸妈妈的礼物。

孩子是从路边捡来的。

孩子是充电话费送的。

其实，这些答案都是成年人跟你开的玩笑。那么，每一个人到底是从哪里来的呢？

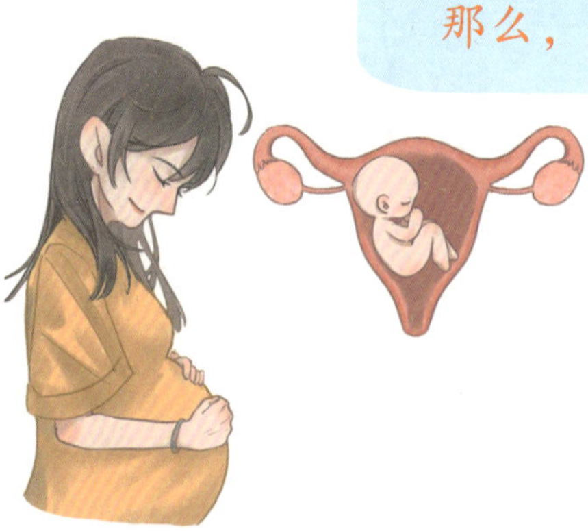

每个人在来到这个世界之前，都住在妈妈肚子里的一个生殖器官里，就是我们前面提到的子宫。

那每一个宝宝又是怎么来到妈妈的子宫里的呢？

想要孕育一个宝宝
需要两样东西：
精子和卵子

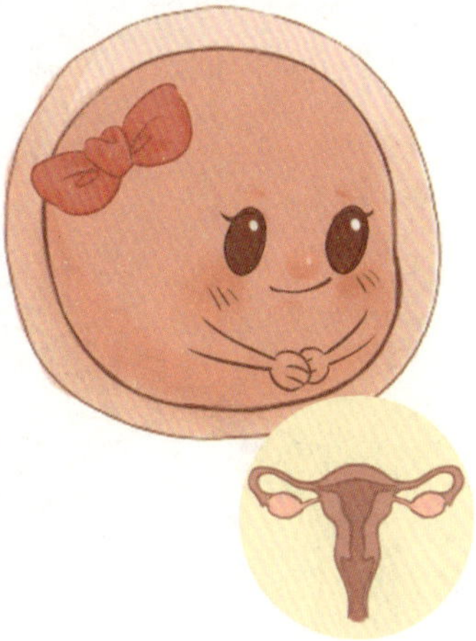

爸爸的生殖器官

睾丸每天会产生很多精子。

妈妈的生殖器官

大约每28天从一侧卵巢里产生一个成熟的卵子。

精子和卵子长得很不一样

精子有一条长长的尾巴，总长度为55～60微米，肉眼是看不见的。

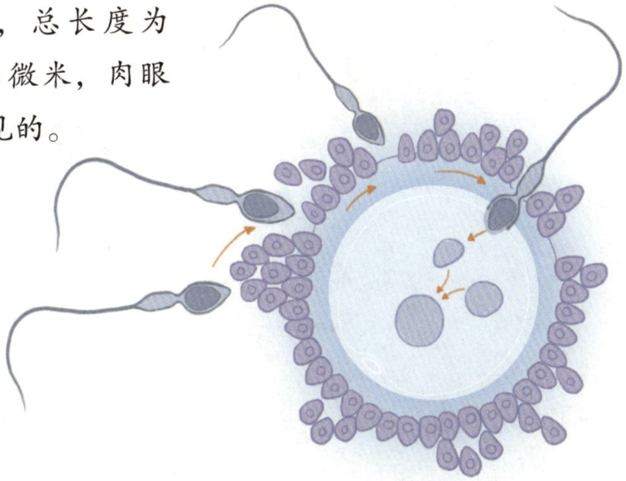

一颗成熟的卵子是圆圆的，直径大约有150微米。卵子的体积大概是精子的180倍。

那么，精子和卵子是怎么相遇的呢？

当爸爸妈妈想要孕育一个宝宝的时候，爸爸会把阴茎放进妈妈的阴道里，这时，几亿个精子就会争先恐后地从爸爸的阴茎进入妈妈的身体里，并跑向卵子。

你们可别小看这个过程哟！

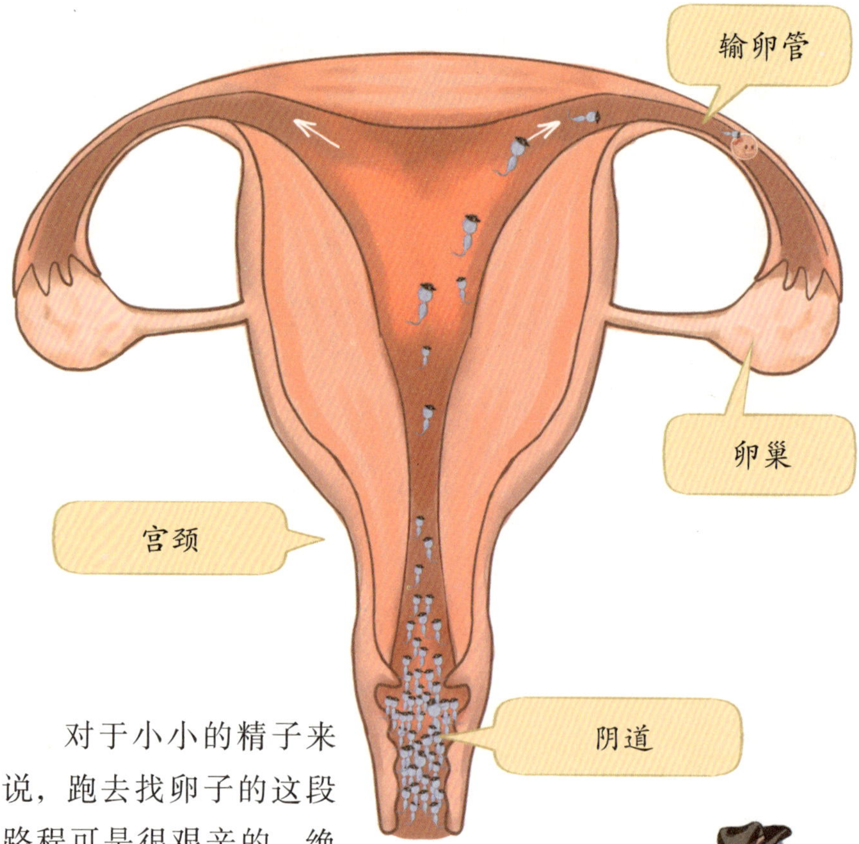

对于小小的精子来说，跑去找卵子的这段路程可是很艰辛的，绝大多数的精子都没能坚持到最后。

精子虽然很多，但是大多数情况下，最终真正能与卵子相遇的只有一颗。这个精子是最强壮和最幸运的，是几亿个精子中的冠军。

精子与卵子相遇后就形成了受精卵，受精卵形成之后会在子宫里住下，并在那里渐渐长大，慢慢长成宝宝。经过 280 天左右，宝宝就可以离开妈妈的身体了。

你知道吗?

在计算宝宝成长的时间时，医生会按照 4 周为 1 个月进行计算，所以我们常说的“十月怀胎”，一个月 28 天，刚好是 280 天。但如果按照一个月 30 天或 31 天计算的话，宝宝会在妈妈体内孕育 9 个多月后出生。所以，在阅读下面的内容时要注意，每个月指的是 4 周。

受精卵形成后，通过吸收妈妈身体里的营养，进行细胞分裂。

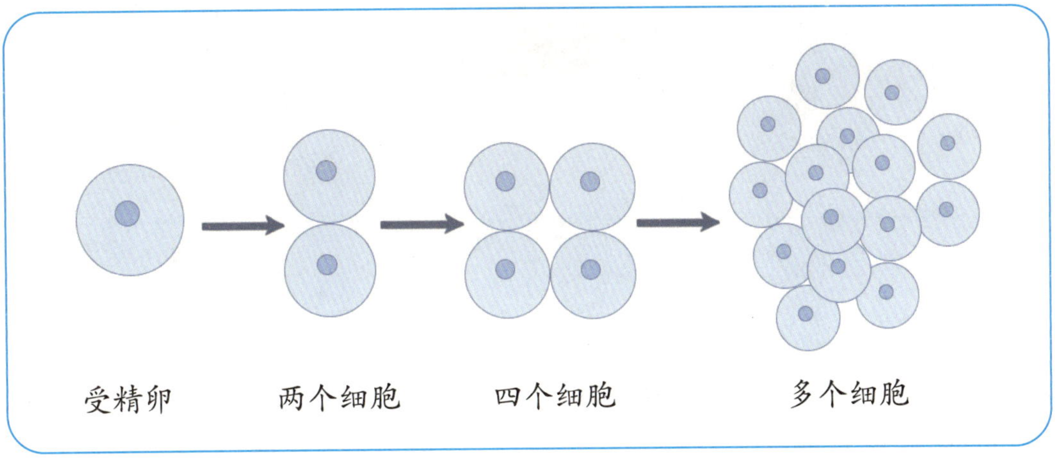

一部分细胞形成胚胎，之后会慢慢发育成胎儿。另一部分细胞发育成胎膜、羊水、脐带、胎盘等。这些都是小宝宝健康成长的重要保障。

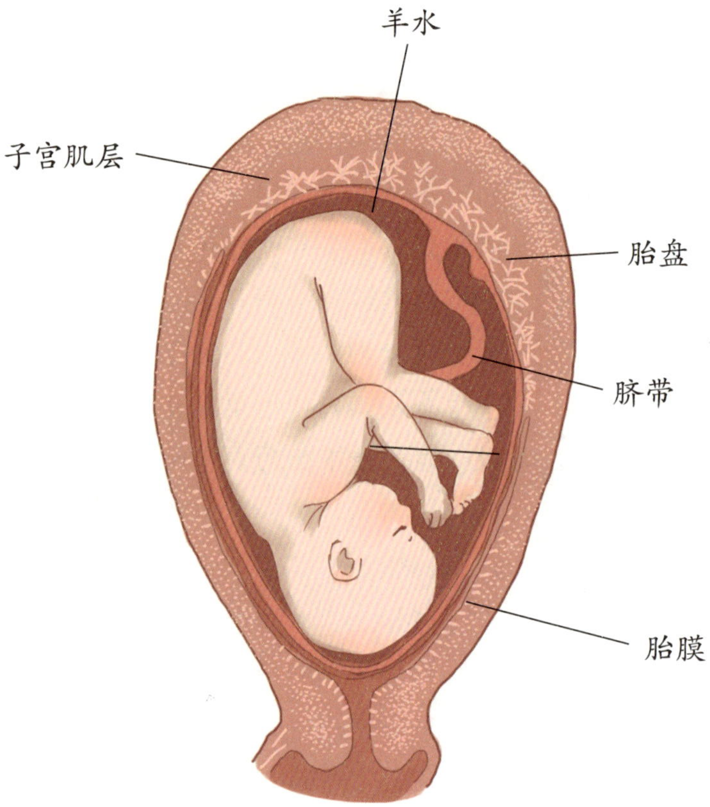

在这之后，胎儿在妈妈的子宫内生长在一个完整的、充满着羊水的胎膜囊里。胎儿的脐部由脐带与胎盘相连，胎儿生长所需要的营养是通过胎盘从妈妈的身体里得到的。

1个月

在受精卵形成22天后，胎儿的大脑开始发育了。

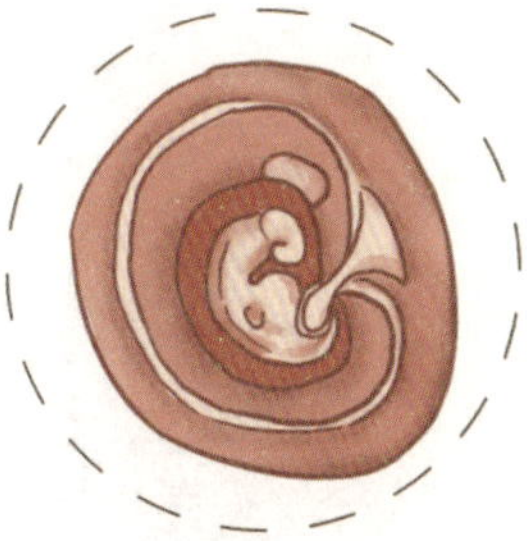

第24天后，心脏就开始跳动了。

2个月

2个月左右，胚胎的外形就初步具备了人的模样。这个时候，胎儿的头很大，差不多会占全身的一半，脸也一点点显现出来了。

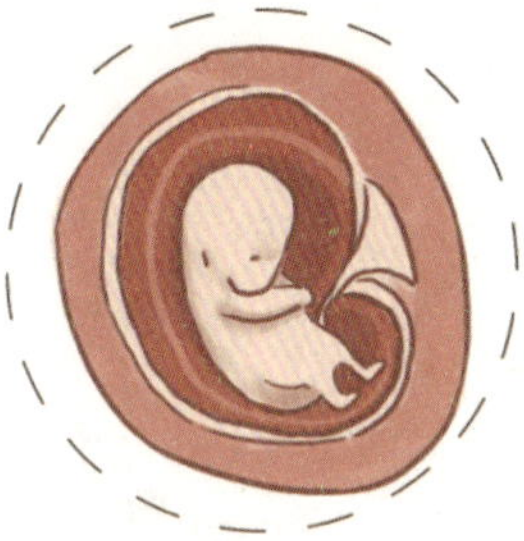

胎儿甚至开始有了鼻子、嘴、舌头、牙床。手臂上也已经有手指头了，还有了膝盖、脚趾。胎儿全身覆盖着一层薄薄的皮肤。

3个月

3个月时，胎儿通常可以长到6～10厘米，体重50克左右，可以呼吸，也可以排泄，嘴能张合、吞咽，四肢能活动了。

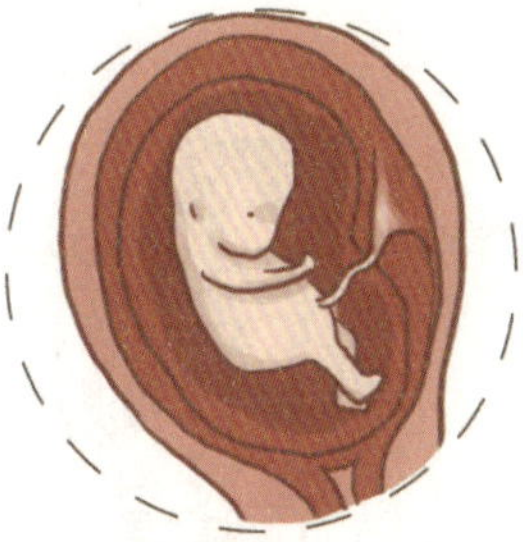

这个时候，胎儿开始对外界刺激产生反应了。如果恰巧碰到他的手掌，他的小手指可能会弯曲一下。如果碰到他的嘴唇，他就会咂一下嘴。

4个月

4个月时，胎儿可以长到13～17厘米，体重125克左右。

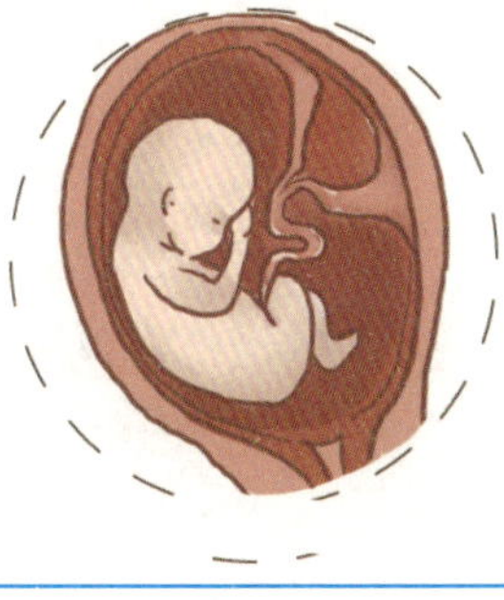

胎儿的骨骼也会进一步发育，四肢活动起来也更有劲儿了。这个时候，胎儿如果动一动，妈妈就会感受到。

5个月

5个月时，胎儿的头上逐渐长出了细茸的头发，眉毛和眼睫毛也长出来了，身体可以长到20～30厘米，体重250～300克。

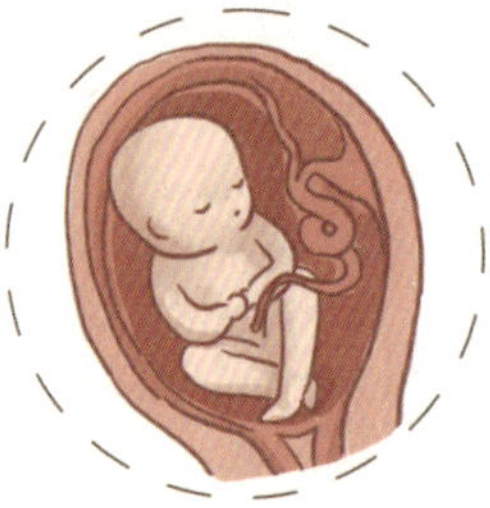

如果爸爸现在用胎心仪贴着妈妈的肚子，就可以听到小宝宝的心跳。

6个月

6个月时，胎儿身长差不多有33厘米左右，体重600～700克，皮下开始有脂肪了。这时，胎儿的眼睛已经完全长好了，眼睛可以张开、闭上，还可以环视周围呢。

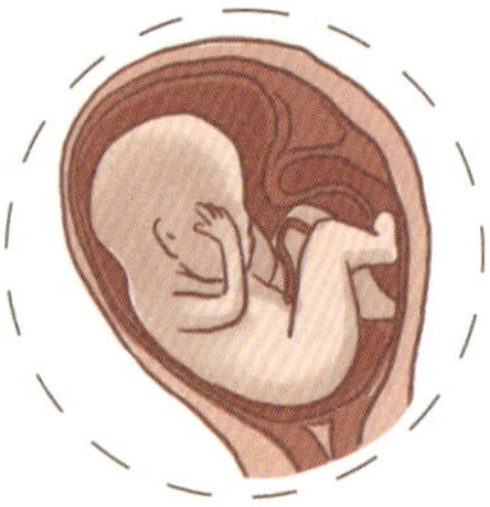

如果胎儿有不舒服的感觉，就会出现哭的表情。胎儿的手指也可以动了，甚至可以攥成小拳头。

7个月

7个月时，胎儿可以长到40厘米左右，体重可以达到1000克。

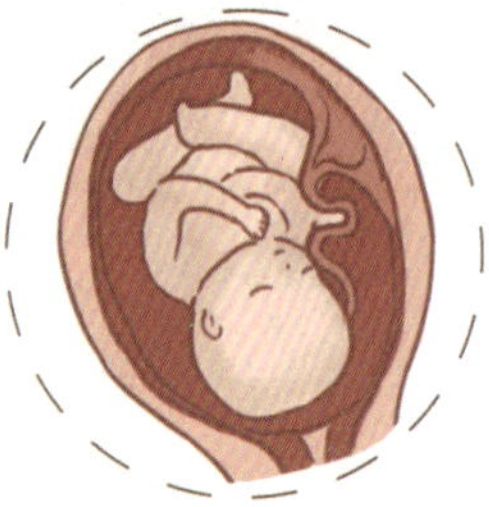

这时胎儿身体的各个器官已经发育得很齐全了。

8个月

8个月时，胎儿身长已长到43厘米左右，体重1750克左右。这时的胎儿生长得更快了，随着活动空间逐渐变小，活动也减少了许多。

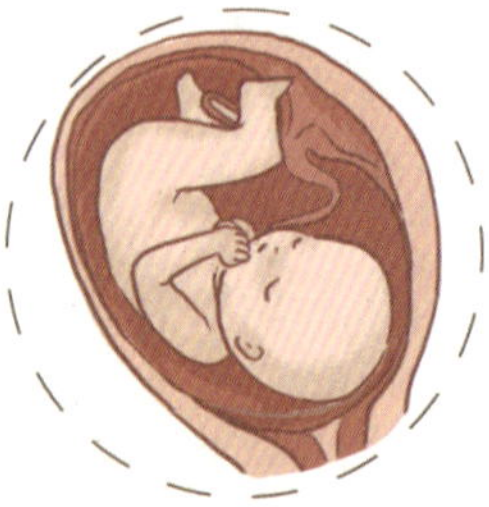

胎儿皮下逐渐长出更多脂肪。脂肪能帮助小宝宝出生后很快适应外面的世界。

胎儿在妈妈的子宫里生长10个月左右，终于做好了来到这个世界的准备。

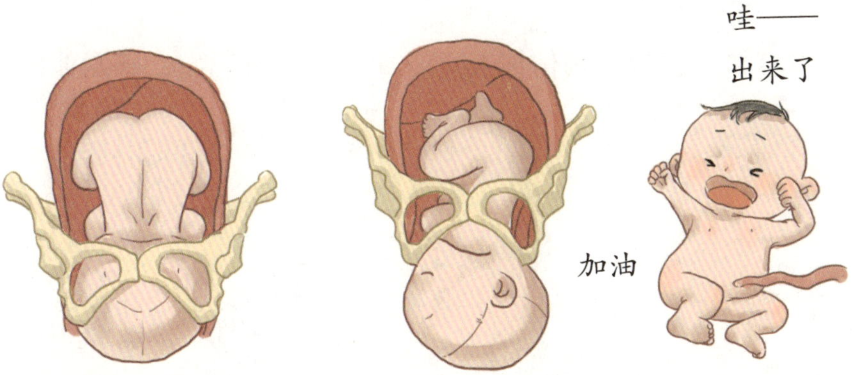

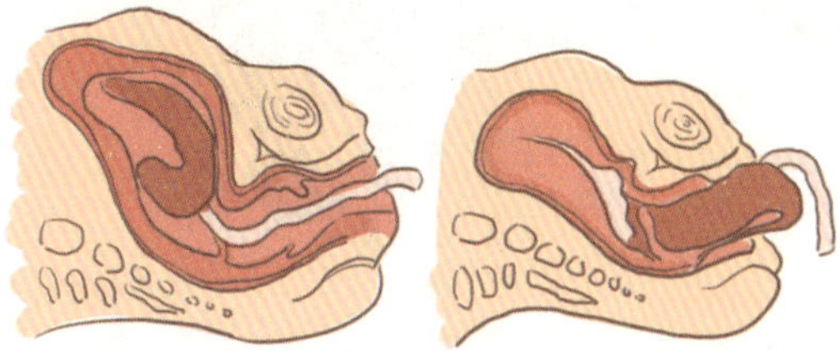

在医生的帮助下，宝宝会从妈妈的阴道离开妈妈的身体，随后妈妈还要娩出胎盘。这个过程很辛苦，宝宝自己也要很努力。

还有一些宝宝没有办法从阴道生出来，这时会有医生在妈妈的肚子上剖一个口，把宝宝取出来，这叫剖宫产。

当宝宝降生到这个世界的时候，通常会哇哇大哭，好像要告诉爸爸妈妈甚至全世界：“我来了！”

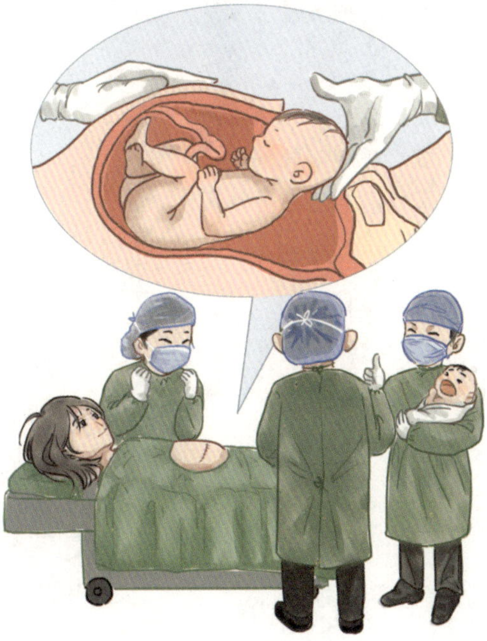

每个孩子都是爸爸妈妈爱的结晶。
在孕育宝宝的过程中，妈妈非常辛苦，爸爸也在妈妈身边一直陪伴。

了解了这个不容易的过程，相信你会更爱你们的爸爸妈妈，感谢他们给了你生命和爱！

疲惫

烟、酒

收腰裙、高跟鞋

呕吐

失眠

第二节 我爱爸爸妈妈

亲爱的同学，你好！相信通过阅读前面的内容，你已经了解了胎儿孕育和生育的过程。

那在胎儿成长的这280天里，妈妈和爸爸又经历了什么呢？

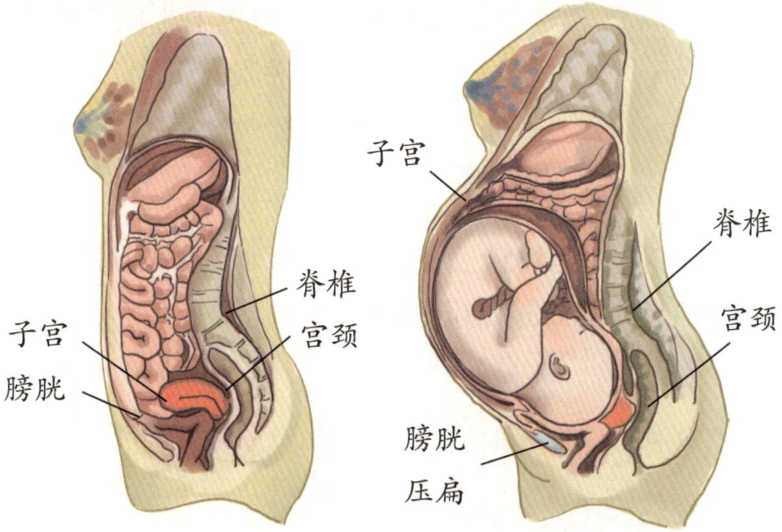

相信你还记得，小宝宝在妈妈的子宫内会慢慢长大，这也意味着妈妈的肚子要给宝宝留出更多的空间，用于宝宝的成长和活动。这时，除了妈妈的肚子会变大之外，子宫还会挤压体内的脏器，造成不舒服的感觉，比如胃胀、呼吸急促等。

同时，由于肚子慢慢变大，妈妈的活动也会受限，洗澡、穿鞋都会变得非常困难，弯腰捡东西更是很难完成的任务。

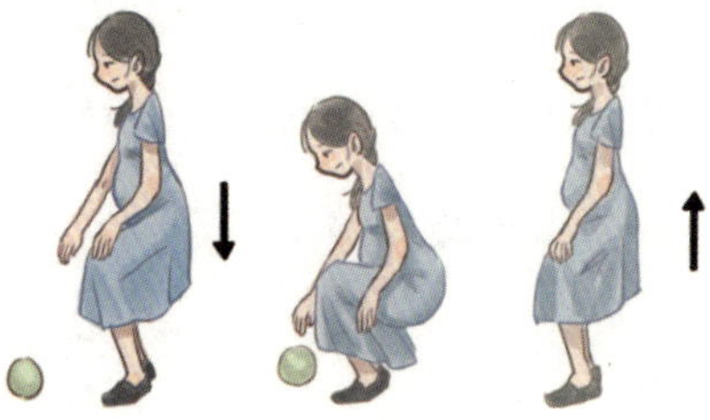

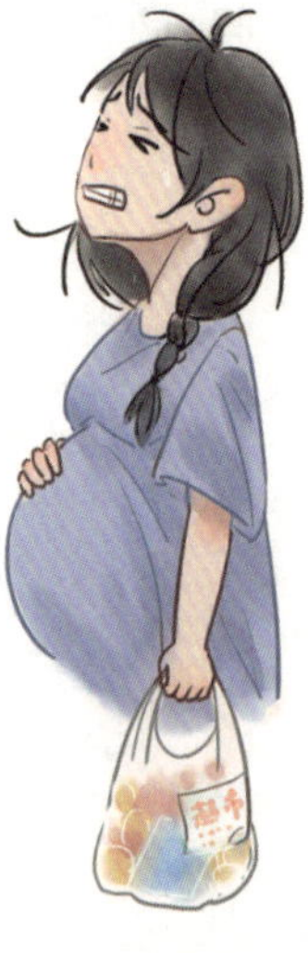

如果你也想体验一下妈妈怀孕的感觉，可以在家里找到靠枕、书包之类的东西，试着把它们塞在你的衣服里，这样你的肚子也变得鼓鼓的了。

这时你可以试着弯弯腰、走走路，是不是很不方便呢？

因为宝宝的存在，怀孕的妈妈还经常会有想去卫生间的感觉，并且出现手脚肿胀的现象。

大肚子还会让怀孕的妈妈感觉怎么躺都不舒服，影响睡眠。妈妈好不容易睡着了，还有可能会因为腿部抽筋被迫醒过来。

你知道吗？

为什么怀孕后妈妈容易出现腿抽筋的情况呢？这是因为宝宝在妈妈肚子里快速生长的过程中需要从妈妈的身体里获取钙，容易导致妈妈身体缺钙，而缺钙容易造成腿抽筋。

妈妈要面对的不仅是身体上的不适，还有精神上的紧张和不安。比如一到人多的地方，妈妈就会小心翼翼，生怕有人碰到自己，因为一旦撞到肚子或摔倒，就有可能导致宝宝受伤，甚至危及宝宝的生命。

在妈妈怀孕的过程中，
爸爸就像个无微不至的保镖。

在妈妈怀孕时，爸爸会照顾妈妈，帮助妈妈做不容易完成的事情。同时也会高度警惕，想办法“铲除”各种影响宝宝生命的危险。

在宝宝来到这个世界前，爸爸妈妈还会准备一些宝宝的用品，比如婴儿床、尿布、衣物等。

有些爸爸妈妈还会选择上产前培训班，以便学习如何更好地照料宝宝。

在宝宝出生时，妈妈会经历很剧烈的疼痛，据说这就是人能承受的最高级别的疼痛。

不过你别担心，一般情况下，生宝宝虽然很痛，但还是在妈妈可以忍受的范围之内。

妈妈盼望宝宝降生的时候，会非常努力。而当见到宝宝出生的那一刻，妈妈通常会高兴得忘掉疼痛。

宝宝刚出生的时候，还不会说话，只能用哭表达自己的需求。宝宝哭时，通常是想表达以下诉求：

当听到宝宝哭时，爸爸妈妈往往会赶紧过来照看宝宝。要弄清楚宝宝为什么哭，爸爸妈妈可要好好学习、琢磨上一阵子。当宝宝感觉到孤单时，爸爸妈妈会陪宝宝玩；当宝宝感觉饿时，爸爸妈妈会喂宝宝喝奶；当宝宝感觉困时，爸爸妈妈会哄宝宝睡觉……虽然这很辛苦，但爸爸妈妈也会感觉很幸福。

等宝宝长大一些，爸爸妈妈还要努力工作，给宝宝提供更好的生活和学习条件；当宝宝生病的时候，爸爸妈妈会很着急地带宝宝去医院，无论白天还是晚上，都会守在宝宝身边，喂宝宝吃药，给宝宝准备营养丰富的食物；当宝宝不开心了，爸爸妈妈会放下手边的事情，拥抱、安慰宝宝。

你是不是也能想到很多爸爸妈妈陪伴、照顾你的场景？相信在你未来的成长道路上，爸爸妈妈还会一如既往地为你付出。

虽然能力有限，但实际上你可以为他们做不少事情呢。相信爸爸妈妈一定会因为你为他们做的一件小事而感到幸福，因为他们知道你是个懂得感恩的好孩子。

当你因为一些摩擦和爸爸妈妈生气时，也许你可以试着想想他们对你的爱、陪伴和照顾，你就会没有那么生气了。

遇到问题好好跟爸爸妈妈沟通，发了脾气主动向爸爸妈妈道歉，毕竟，争吵是最伤感情的处理方式。

正是他们的陪伴，让孩子生活得非常幸福！

读到这里，你是否想为父母做些什么呢？

其实，你有很多方法可以向他们表达你的爱和感激之情。

给他们一个大大的拥抱，对他们说：辛苦啦！

早上起床，帮他们挤好牙膏。

吃饭的时候，帮他们盛饭。

在他们打扫房间时，帮忙擦擦桌子、扫扫地。

在他们下班回家时，帮他们拿拖鞋。

在他们生病时，照顾他们，为他们倒水。

如果你可以少发脾气，多表达爱，爸爸妈妈一定会感到万分幸福，因为你们是深爱着彼此的一家人呀！

当然，在你身边的不仅有爸爸妈妈，还有爷爷奶奶、姥姥姥爷、姑姑叔叔、哥哥姐姐，以及好朋友、老师、警察、医生、消防员等，他们都在用心呵护你的生命安全和身体健康。

第三节 家庭知多少

亲爱的同学，你好！你有没有想过一个问题：每个人一出生就有一个家吗？

其实，在每个人出生之前，通常是你的爸爸和妈妈先组建了一个两个人的家庭。他们彼此相爱，然后共同孕育了你。

从你诞生的那一天起，这个家庭就加入了一个新的成员，变成了更大的家庭。

每个家庭的成员构成可能都不一样。

也许在你来到这个世界之前，家里已经有了哥哥或姐姐，或者在你出生之后，爸爸妈妈又生了弟弟或妹妹。

家庭有很多种不同的类型

比如：

大家庭

很多家庭成员一起居住，不仅有爸爸妈妈、你和你的兄弟姐妹，还可能有爷爷奶奶、姥姥姥爷、姑姑叔叔等。

小家庭

只有爸爸、妈妈和孩子组成的三口、四口或五口之家。

单亲家庭

只有爸爸或妈妈中的一方带着孩子共同生活。

重组家庭

单亲爸爸或妈妈再婚后组成的家庭。

随着社会的发展，家庭的类型变得越来越多样。无论是什么类型的家庭，家庭成员之间都应该互相爱护和关心彼此。

家对你来说意味着什么呢?

有人说，家是孕育生命的摇篮。有人说，家是魔术师，可以变出每个人想吃想用的东西。有人说，家是太阳，在外面很冷，到家里却很暖……

对于家，我们总有很多温暖的回忆和憧憬，这是因为家是我们每个人赖以生存的港湾。

我们从小到大所住的房子、我们的每一顿饭、我们穿的衣服和鞋子、我们拥有的各种玩具等，基本上都是由家庭提供的。家人们辛勤地工作给我们提供了生活所需的一切物质条件。有了家，我们才能在这个世界上健康、快乐地生活。

其实，几千年前的古人在创造“家”这个字的时候就隐含了家对我们每个人的意义。

我们知道，在古代人们使用的是象形文字。

仔细看，相信你能体会到，这个字外面的部分代表了房子，里面的部分代表一种动物——猪。

为什么房子里放的是猪而不是人呢？

这是因为，对于古人来说，如果能够在家里圈养猪，就意味着拥有充足的食物，也就意味着有安定的生活和足够的安全感，所以养猪是古代能够安居的标志。我们也可以理解为，每个人只要有了家，就会有一种安全感，和家人们生活在一起就会觉得很踏实。

你还记得家人为你做过什么吗？

加油！我在旁边不用害怕

马上开饭啦

当你觉得饿时

给你准备好吃的饭菜

当你学走路、骑车时

在你身边保护你

来，把药吃了

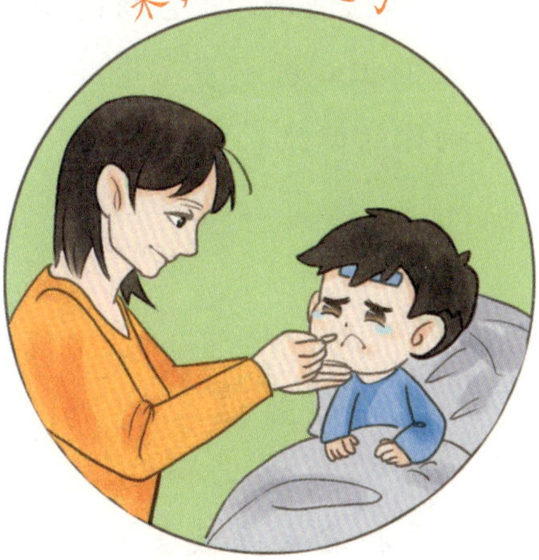

爸爸妈妈永远爱你

当你生病时

照料你，带你去医院

当你伤心、委屈时

倾听你的心声，安慰你

爸爸妈妈也不总是和蔼可亲的，他们有时也会批评你，让你感到很伤心。

但这并不是因为爸爸妈妈不爱你，而是因为在你成长的过程中，爸爸妈妈必须要教会你应该遵守的规则，并且要保护你不受伤害。

你去拿装满开水的水杯

爸爸妈妈会马上制止你，告诉你里面的开水会烫伤你。

你很喜欢吃糖

爸爸妈妈会限制你吃糖的数量，因为他们担心糖吃多了会导致蛀牙，影响你的健康。

你吃饭不想吃蔬菜

爸爸妈妈会要求你吃一些，因为他们担心你挑食会导致营养不均衡，影响身体发育。

人们说，父母是我们人生的第一任教师。正是因为肩负着这样的责任，爸爸妈妈才会时常提醒和教育你，希望你能够更健康快乐地成长。当然，有时候他们因为着急或担心，说话时语气可能不太好，会让我们感到伤心。

这时，我们可以提醒爸爸妈妈：

“爸爸妈妈，
我知道你们是担心我，
但是你们说话太大声我会很伤心，
下次可以温柔地对我说话吗？”

不过，说到家人的爱，有的同学还是存在一些困惑。

爸爸是军人，在边疆驻守，因此长期不在家，不能像其他同学的爸爸一样常常陪我玩耍、聊天，他真的爱我吗？

妈妈是医生，经常值夜班，我回家常常见不到她，我很想和妈妈聊天，但是她没时间，她真的爱我吗？

爸爸妈妈离婚了，我和爸爸一起生活，要好久才能见到妈妈一次，每次见面她也只是问我学习怎么样，她真的爱我吗？

生活中，也许因为种种原因你只能和爸爸妈妈中的一方共同生活，或者他们太忙碌，没办法经常陪伴你，这时你会感到不开心，甚至会抱怨他们，这都是可以理解的情绪。你可以选择以下方法加强沟通，把你的感受告诉爸爸妈妈。

经常和外出工作的爸爸妈妈打视频电话。

写封信给爸爸妈妈，表达对他们的思念。

和爸爸妈妈聊完自己的学习情况后，也和他们说说自己的喜怒哀乐。

和爸爸妈妈商量，抽出时间开展一次亲子聚会，或一起好好吃顿饭。

当然，慢慢你也能理解爸爸妈妈的辛苦和不易。每一天，他们既要辛勤地工作、照顾家人、关心你的生活和学习，还要买菜做饭、做家务，当然还要留出吃饭和睡觉的时间。所以，他们有的时候会力不从心。

作为一家人，最好的相处方式就是每个人都勇于表达自己的感受和需求，理解彼此的难处。只要加强沟通，相信你心里的很多困惑都可以解决，爸爸妈妈也会知道如何更好地爱你，并能够感受到你对他们的爱，这就是家庭最美好的模样。

第三章

我和我的朋友

第一节 人与人之间的关系

亲爱的同学，你好！你从出生开始，就会和各种各样的人互动。

比如：

和父母相处

和售货员打招呼

向保安叔叔问好

和同学、朋友相处

其实，人和人的相处不是简单的见面打招呼、问好聊天，这可是件有学问的事。用恰当的方式与他人互动，可以建立和维持良好的人际关系。接下来，我们一起看看应该怎么做吧。

如何与同龄人相处?

所谓同龄人，指的就是和你年龄相仿的人，比如同学、哥哥姐姐、弟弟妹妹等。

和同龄人相处有什么要注意的呢?

我们就以同龄的朋友为例，当你遇到困难时，你希望你的朋友做些什么呢?

首先请你来思考下面这 3 个问题

问题 1:

问题 2:

当你遇到麻烦的时候，你希望朋友怎么做？
我希望朋友能够帮助我走出困境。

问题 3:

当有人误会你的时候，你希望朋友怎么做？
我希望朋友能够信任我，和我站在一起。
我相信你！

和朋友以及其他同龄人相处的原则是：

一、从对方立场看待问题，体谅对方；

二、彼此分享乐与忧；

三、彼此关心；

四、彼此信任。

朋友也会犯错，当朋友犯错时，我们应该做些什么呢？

我的好朋友小明很喜欢同桌的一支彩色铅笔，在同桌去厕所的时候，小明偷偷拿走了这支笔。小明告诉了我，并嘱咐我不要告诉别人，我该怎么办？

第一种选择：为了讨好朋友，不说出去。

第二种选择：劝告他把笔还给同学并且向同学道歉。

在遇到这种两难的局面时，
你的选择是前者还是后者呢？

怎样选择才算是真正的朋友呢？

朋友做错事情，我们可以体谅他，但同时应该真诚地劝告他，帮他想办法弥补自己的过失，这样朋友才能获得他人的谅解。

帮助朋友隐瞒错误，会导致他是非不分，今后朋友也许会犯更大的错误。

当然，指出朋友的错误，有时朋友会不理解，甚至可能与你产生矛盾，这会让你感到苦恼或者委屈，但只要你是真心对待朋友，总有一天他会体会到你的用心。

如何对待长辈？

所谓长辈，就是指辈分高的人。

比如我们的爷爷、奶奶、姥姥、姥爷、叔叔、阿姨、伯伯、婶婶、舅舅、姨妈等，都是我们的长辈。

在日常生活中，我们不要因为大人的宠爱就忘记了尊敬长辈的美德。

长辈先行

奶奶，您先吃

爷爷，您先走

爷爷，您先坐

称呼长辈的时候，不可以直呼他们的名字，那是不礼貌的行为。走路时遇见长辈，要赶紧走上前去行礼问好。

在长辈面前讲话，声音要柔和，要和颜悦色。长辈说话时不要插话，等长辈说完了再发表自己的意见。

如果你的爷爷、奶奶、爸爸、妈妈就在你的身旁，你可以尝试这样与他们相处，他们一定会很开心。

尊重不是说出来的，是做出来的。

当然，在生活中，我们与长辈相处时也会遇到一些小摩擦。

比如你在做一件事的时候，可能会有自己的想法，但是爸爸妈妈或者爷爷奶奶也会对你反复强调他们的想法。

遇到这样的事情，你是不是会觉得有点不开心，甚至感觉他们不理解你，要强迫你按照他们的想法做事情？

的确，不被理解和被强迫的感觉会让人很不舒服，但这时你可以冷静下来想一想，除了不开心以外，你还可以做些什么呢？

父母生我们养育我们，长辈关心爱护我们，我们要敬重自己的长辈。

首先可以尝试理解长辈。他们一定是因为很爱你、很担心你，所以想要按照他们认为最好的方式帮你做好每一件事。只不过有时他们太着急了，才会喋喋不休。

你可以耐心听听他们的意见，并且心平气和地跟他们沟通，把你的想法说出来。多商量、多讨论，长辈们会感受到你对他们的尊重，这种沟通方式更有效。

我们对长辈的敬重不仅表现在言行举止中，如果我们对长辈们多一点体谅和理解，相信他们会更尊重你的想法，也会因为有你这样的孩子而感到无比幸福。

如何对待“弱者”？

所谓的弱者一般有两方面意思：

一方面指的是体力比较差或行动能力较差。比如有的小朋友比你年龄小、比你瘦弱，有的人生病了体力差，或者有的人身体上有一定残疾。

体力比较差

心理比较脆弱

另一方面是指心理上的弱小。比如你和朋友这次考试成绩都不理想，你可以主动面对挫折，积极改变，但朋友一直沉浸在考试失利的负面情绪中，不能积极面对，这时你的这位朋友就是相对的弱者。

所以，弱者并不是固定的一群人，每个人都有强的方面和弱的方面，我们都有可能在某方面成为弱者。而当一个人在某方面表现得不那么强大的时候，一定希望有人理解和帮助他。

比如，有一道数学题你实在解不出来，这时如果有一名数学特别棒的同学帮你讲一讲，你会获益很多。

当你遇到一个困难，感到无计可施的时候，如果有相关经验的同学能够把经验分享给你，也许你就能很快找到方法走出困境了。

如果我们把“弱小”看成一顶帽子的话，每个人都可能有戴上这顶帽子的时候。

我们不应该因为在某方面弱小而感到自卑，也不要因为在某方面强大而看轻、嘲笑他人。当你用真诚的心去理解每个人面临的困境，体会他们的辛苦和不易时，你就能用最恰当的方法帮助他们走出困境。同样，当你面临困境时，也会获得他人善意的帮助。

第二节 我该如何与朋友相处

亲爱的同学，朋友可能是我们在生活中除了亲人外相处时间最长的人。你在与朋友相处的时候，是否遇到过挑战和困境呢？

请试着回答下面的这些问题吧：

当朋友主动找你玩，你经常会拒绝吗？

被朋友欺负了，你会因恐惧而打消与朋友交往的念头吗？

你喜欢对朋友指手画脚搞恶作剧吗？

相较于与朋友打交道，你更喜欢与动物打交道吗？

你渴望与同学交往，但总是苦于胆量不够吗？

你会因害怕分享自己的玩具而拒绝与朋友玩吗？

你会因为要遵守规则而放弃与朋友一起玩游戏吗？

你会觉得自己处处不如朋友而不想与朋友交往吗？

如果对上述很多问题你的答案都是肯定的，那你在和朋友、同学相处的过程中恐怕经常会感觉到不开心，这时你应该怎么办呢？

最好的办法就是敞开心扉，积极地与朋友们交流。

如果你的朋友做了让你不开心的事，你可以直接告诉朋友：你这样对待我，我觉得很难过，你能向我道歉吗，你以后能不能不这样做了呀？

其实很多时候，你的小伙伴并非故意让你难过，也许只是没有注意到你的感受。

如果你能主动告诉朋友你的感受，朋友就会明白自己伤害了你。如果他是你真正的朋友，就会选择向你道歉，并且注意以后的言行。

如果你想和一个同学成为朋友，但又担心他不愿意和你玩，这时你该怎么办呢？

其实很多时候，你的担心只是自己的猜测，只有真的问过对方，才知道对方的心里是怎么想的。你可以主动问问同学。

如果同学同意当然好啦！如果对方一时不愿意也不要紧，你可以以后多跟他接触，也许他了解你后会愿意和你做朋友。

如果依然被拒绝了，也不要气馁，这名同学不和你做朋友并不代表你不好，只是你们不适合彼此而已。只要你以真诚的态度与他人交往，总能找到属于自己的好朋友。

当然，我们在生活中也有可能因为各种各样的原因失去朋友，最常见的原因就是在交往的过程中出现了一些问题。

问：我们要如何做才能更好地维持朋友之间的友谊呢？

答：和朋友交往时既要有良好的态度，还要有恰当的方法，而不是自己想做什么就做什么，想说什么就说什么。要做到这一点，最简单的方法就是先想一想，你希望朋友怎么对待你？换位思考，就是最好的相处方法。

下面我们来看一个案例：

小丽最近很苦恼，因为她最好的朋友小云和她闹矛盾了。

小云想要竞选班干部，需要写一份申请书，所以有一天中午她找到小丽，想把申请书读给小丽听，请她帮忙提一些建议。但当时小丽着急去图书馆借书，就拒绝了小云。

小云　小丽

结果从那天下午开始，小云就不理小丽了。

如果你是小丽，你会怎么做呢？

我们分别从小丽和小云的角度来理解她们的感受。

对于我来说，竞选班干部是一件非常重要的事情，所以我特别希望能够得到好朋友的建议和支持。但当我被小丽直接拒绝后，我觉得朋友并不重视自己，也不关心自己是否要竞选，感觉非常失望和委屈，所以就疏远了小丽。

小云

我当时着急去图书馆借书，没有考虑到朋友的需求和感受，就直接拒绝了她的请求。我当时觉得借书比帮朋友修改竞选申请书更紧迫一些，想借完书回来再和小云沟通。但随后我发现小云不理我了，便觉得小云无法体谅我，因而感觉到委屈和不知所措。

小丽

相信分别从小云和小丽的角度理解她们之后，就能更清晰地认识到，当朋友间出现矛盾时，其实双方都很不开心，都渴望被对方理解。

这时，希望你能成为先迈出这一步的一方。无论是小云还是小丽，只要她们肯真诚地和对方沟通，表达对对方的理解，向对方道歉，并表明自己的感受，相信她们就会和好如初了。

当然，如果我们更加注意和朋友相处的方法，也许可以直接避免类似小丽和小云遇到的问题。如果我们总是能认真倾听朋友说的话，理解朋友希望得到什么，就能增进与朋友之间的感情。当然，这并不意味着我们要一直委屈自己迁就朋友。比如，对于小丽和小云来说，小丽可以先倾听小云的想法和需求。

但当小丽的确很着急去借书时，可以坦诚地和对方沟通，沟通时需要做到以下几点：

一、理解朋友

告诉小云自己理解了她的需求，她的竞选申请书非常重要，自己也很愿意听她读一读。

二、阐述事实

目前自己的确有紧急的事情要做，去晚了图书馆就会关门借不到书了。

三、和朋友商量解决办法

这两件事都很重要，应该怎么办比较好呢？其实小云可以先陪小丽去图书馆，小丽快速借完书后再好好听小云读演讲稿。

但有时我们还会遇到另一种情况，就是朋友的需求让你觉得为难，或者朋友要求你做的事是错误的。这时你该怎么办呢？

这真是一个棘手的难题。当然，我们不应该帮助或纵容朋友犯错误。但如何在拒绝的时候不伤害你们的友谊呢？这时就需要注意自己的表达方式。

比如：

朋友对你说："今天的作业好难，我不会写。你帮我个忙，把作业借给我抄好不好？"

这时你可以这样说：

比如：

你是班级干部，你的好朋友对你说：“我犯了错误你就别管我了好不好？也不要告诉老师好吗？”

这时你可以这样说：

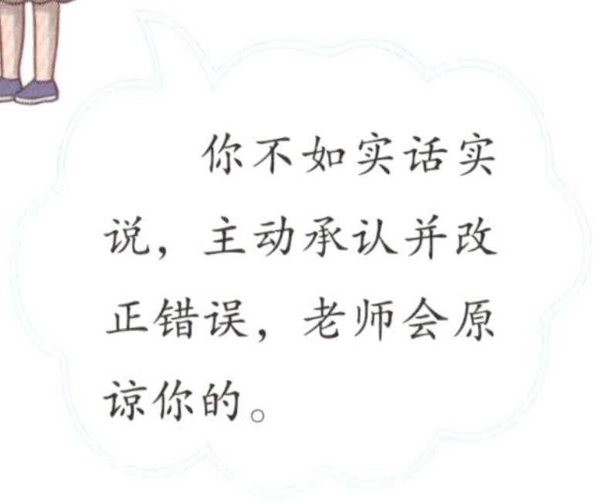

朋友之间出现矛盾或者分歧的时候，千万不能无条件地满足朋友，也不要生硬地拒绝朋友的请求，要认真倾听、理解朋友的想法，然后真诚地表达自己的意见，帮朋友找到更好的解决办法。这种解决矛盾的方法更有利于增进友谊。

第三节 如何应对“差异”和“不喜欢”

亲爱的同学，在你和朋友、同学相处的过程中，是否会发现，有时候你们会有不一样的喜好，甚至对一件事的看法截然不同呢？

其实，这是人际交往中常常出现的情况。每个人都是独特的，在人际交往中我们总会遇到“差异”和“不喜欢”，这时候该怎么办呢？

小冬和同学之间总是有矛盾，这让他非常不开心。老师问小冬：“你和朋友在一起不快乐吗？怎么经常出现小矛盾呢？”小冬说：“他们都不听我的，我想玩什么他们总是不同意。”老师问：“那你可以听他们的，和他们一起玩呀。”小冬说：“他们想玩的，我还不想玩呢！他们不听我的，我也不听他们的！”

小冬遇到了怎样的问题呢？

（1）有时，他和朋友们的喜好是不一样的。

（2）在做一件事时，他和朋友意见不一致。

（3）他有时不能接受朋友的建议和想法。

（4）他希望大家都听他的。

相信小冬遇到的问题很多同学也遇到过，但当我们采用不同的应对方式时，结果显然是不同的。

什么样的应对方式更好呢？

不要急，我们先来做一个小练习。

请你拿出纸笔，将纸分为两部分，在心中想一个朋友的名字，然后在纸的左边写下你们之间有哪些不同之处，在纸的右边写下你们之间有哪些相同之处。

不同	相同

做完这个练习，相信你会发现，你和朋友有很多相同点，这也是你们能够成为朋友的原因。你们又的确有着很多不同点，比如外貌、穿衣风格、饮食习惯、成长环境、性格特点等。

人和人之间有差异是很正常的，即便是好朋友之间也是如此。

朋友之间的差异不会由于你喜欢与否而增加或减少，因为这是客观存在的。而从另一个角度看，有的时候也正因为你们之间存在差异，才能更加和谐地相处。

比如，你平时做事可能比较快速但粗心，如果你的朋友恰恰做事很慢很细心，你们合作时就可以相互弥补，比一个人做事的效果好很多。所以，面对差异，要学会从多角度观察，不带自己的主观好恶。

当然，差异有时也会带来矛盾。

比如，小冬就遇到了下面的问题。课间小冬很想玩抓人游戏，但他的朋友都想玩贴人游戏，他们就因为喜好不同产生了矛盾。这时小冬可能会质问朋友：“凭什么总玩贴人游戏？我不喜欢。”这就有可能导致大家争吵，甚至不欢而散。

而如果他们能够理解彼此想法的差异，再协商找到解决的办法，一切就不同了。

比如，小冬可以尝试理解，每个人都有自己喜欢玩的游戏，有不同的想法很正常，大家可以商量一下，两种都玩（比如今天玩贴人游戏、明天玩抓人游戏），大家的想法都能够实现，这不是两全其美吗？

喜好不同是很正常的，遇到这种情况时换位思考、相互理解，朋友们间的感情也就更加深厚了。

在和朋友的相处过程中，如果遇到了分歧或产生了矛盾，你可能会出现负面情绪，比如伤心、难过、失望、委屈等。

当出现负面情绪时，应该怎么做呢？下面提供了一些方法，你可以试一试哦。

方法一：转移坏情绪

当出现坏情绪时，你可以做一些平时喜欢做的事情，或者和朋友聊点别的话题，通过转移注意力的方式改善情绪。

方法二：在不影响别人的情况下，合理地发泄情绪

比如，在自己的房间里哭一会儿，和家长或者你信任的人说一说令你难过的事情，也可以通过运动发泄情绪，比如跑步、打球，还可以唱歌、画画、看喜欢的影视剧等。

方法三：理智地控制自己

比如，你可以对着镜子告诉自己："我一会儿就好了，不好的情绪一会儿就过去了。"你也可以对自己说："他不是故意让我难过的，他可能也不好受。"或者你可以对自己说："我一定能找出好办法，解决我们的问题！"

也许你还能想到其他的办法。对每个人来说有效的情绪处理方法可能不太一样，只要对你有效的方法就是好的方法。相信当你有能力处理好自己的情绪时，就一定能更好地与他人交往，建立和维护好自己的友谊。

第四章

做自己的安全小卫士

第一节 在游戏中防止性伤害

亲爱的同学，你好！你看过足球比赛吗？来看看这个场景，你知道他们在做什么吗？

运动员们为什么站成一排，捂住两腿之间的部位呢？

足球比赛罚任意球的时候，守方派若干球员站在距罚球点 9.15 米处，在门前紧挨着站成一排进行防守，这一排球员被称为“人墙”。职业运动员发任意球的球速非常快，这样的速度带来的冲击力非常大。

球员用手护住会阴部，是因为这些部位一旦被高速运动的足球击中，就会伤及生殖器，使人疼得无法忍受，甚至可能会疼晕过去。

隐私部位怕碰撞，做好保护很重要！

体育运动、游戏活动都有益于我们的身心健康，也给我们带来了无穷的乐趣，但如果在这个过程中不做好保护，就可能出现意外，不仅会导致身体受伤，而且还会让我们的心情受到影响。

你能在运动过程中保护好自己吗？

下面考考你：在参与以下运动项目时，如何保护自己的隐私部位不受伤害？

当你骑自行车外出或进行游戏时，首先要避免交通事故。尽量选择在公园空地等不允许机动车通行的地方骑行。

请记住，年满 12 周岁才可以骑自行车上路。

骑自行车或骑马的时候座椅要舒服，调整好角度，颠簸时注意抬起身体，减少对会阴部的冲击，还要尽量避免跌落或摔倒。连续骑自行车或骑马的时间不要过长，每隔 30 ～ 40 分钟就要下来休息一会儿。

在进行球类运动时，要避免冲撞带来的伤害；进行击剑运动时，要戴好护具；在进行单杠、跳山羊这类体操运动时，动作要标准，并且要在教练或老师的保护下完成；在进行跆拳道运动时，不允许击打腰带以下部位。

当然，如果不小心受伤了，也不要慌张。虽然外阴部受到碰撞会非常疼痛，但如果疼痛很快缓解，一般就没什么大问题。如果疼痛不止或尿中混有血液的话，一定要及时告诉家人，并在家人的陪同下到医院泌尿外科接受检查和救治，以免错过治疗良机，导致出现严重并发症。

在日常的游戏活动中，我们又该如何注意避免性伤害呢？

下面有几个场景，请你来辨别一下，这些行为是否会带来性伤害。

（1）课间的时候，女生小红把男生小明推进了女卫生间。

（2）有的男生有时会自己脱掉裤子或当众脱其他男生的裤子，露出隐私部位。

（3）到同学家做客，同学的哥哥提出玩结婚游戏，并提出要亲你的嘴。

提到伤害，你可能想到的是受伤和疼痛，但上面的行为，并没有人的身体受伤、感到疼痛，是不是就没有造成伤害呢？

其实，性伤害侵犯的是我们的身体权利，让我们感觉反感、压抑或者恐慌。所以，哪怕没有造成身体的创伤，只要有心理上的不适感，都构成伤害。以上 3 个场景的行为都是不恰当的，且会造成性伤害。

（1）错。把同学推进异性卫生间，或者自己主动进入异性卫生间，都是违反社会规范的行为。如厕是个人隐私行为，而很多学校的卫生间没有设置独立隔间，将异性推进卫生间不仅会让被推的同学感到不舒服，也会使其他如厕的同学受到影响，给大家造成心理伤害。

（2）错。我们讲过，要尊重自己和他人的隐私部位，不可以在公开场合暴露隐私部位。无论是脱掉自己的裤子，还是未经他人允许脱他人的裤子，都是身体界限意识不足的表现，既不尊重自己，也不尊重别人，可能会对他人造成心理伤害。

（3）错。有的同学对亲吻、恋爱、结婚这类话题非常感兴趣，并且喜欢和小伙伴玩结婚游戏。这是儿童在成长过程中非常正常的情感表达方式，也是对成人行为的模仿。这说明儿童在逐渐认识人际关系，并且愿意表达自己的情感。但当别人提出亲吻你的嘴，或者向你提出要看或摸你身体的隐私部位时，你要马上制止对方，立即离开这个游戏场所。不论是谁强迫你这样做，都要严肃拒绝，并立即告诉你信任的成人，防止受伤害。

要避免在游戏中出现性伤害，一定要遵守这三个原则：

一、保持身体界限

二、规则平等自愿

三、方式安全无害

接下来，请用刚刚学到的知识分析一下，下面哪些行为做得对，哪些行为会带来伤害。

（1）扮演医生看病的游戏时，小伙伴要给我的隐私部位做检查，我拒绝了。

这种做法是对的。

能保持身体界限是非常棒的做法。你可以告诉小伙伴，隐私部位是自己的秘密部位，不可以随便让别人看，可以换一个部位检查，或者换一个游戏玩。每个人都要在游戏中遵守不触碰隐私部位的规则。

（2）在公园骑自行车的时候，我会在不平的路面上放慢速度，以免碰伤隐私部位。

这种做法是对的。

隐私部位怕碰撞，做好保护很重要。

（3）我在教室里坐着，感觉阴部有些不舒服，赶紧把手伸进裤子里摸摸，看看出了什么问题。

这种做法是错的。

到卫生间去检查隐私部位才更合适。触摸时还要注意保证手部卫生。

（4）天太热了，女孩小红只穿内裤在家里乘凉。

这种做法是错的。

在家里也要保护好隐私部位，无论男孩还是女孩都要尽量穿好衣服。如果家里只有自己，想裸露身体，也要注意用窗帘遮挡窗口，避免被他人看到。

（5）因为放学后着急上厕所，男孩小明在道路旁小便。

这种做法是错的。

在路边小便暴露了隐私部位，而且也不文明，还会污染环境，应该到公共厕所小便。

（6）两个男孩子互相抓对方的隐私部位，比赛谁的反应快。

这种做法是错的。

男性的睾丸和阴茎是非常脆弱的器官，互相抓对方的隐私部位很容易伤害外生殖器官。

（7）我的隐私部位不舒服，不太好意思告诉家人，所以还是不说了，也许过几天会好的。

这种做法是错的。

无论什么原因造成隐私部位不舒服，都要及时告诉家人，并在家人的陪护下找医生检查，以免延误了治疗时机，给自己带来更大的伤害。

最后，请记住下面的口诀，相信你一定能够在运动和游戏中保护好自己。

体育运动要注意，隐私部位怕碰撞，
做好保护很重要，受伤及时看医生。
身体界限不能碰，游戏交往应遵守。
安全无害最快乐，平等自愿要尊重。

第二节 预防受到性侵犯

亲爱的同学，你好！你听说过性侵犯这个词吗，你知道它指的是什么吗？

请你记住，以下这些行为就是典型的性侵犯！

在隐秘的地方或公共场所，让你脱下衣服，看、摸你的隐私部位，或者让你看、摸他/她的隐私部位；用他/她身体的某部位接触你的隐私部位。

让你看有裸体人物的视频或图片。

性侵犯也可能通过网络发生，比如让你通过网络发送自己隐私部位的照片或进行裸聊等。

也许你会问，哪些人会通过这些行为伤害未成年人呢？他们有什么特点吗？

在回答上述问题前，请拿出纸笔，一起来做一个练习。

在生活中，我们会遇到很多年龄比我们大的人，下面用一个叫“社交圈”的小工具，帮助你了解如何与这些人相处。

先在一张白纸上画一个小圆圈，外面再画四个同心圆，每两个圆圈之间都要留出足够的空间方便写字。

首先，请在最中心的小圆圈里写上“我”，作为自己“社交圈”的核心。

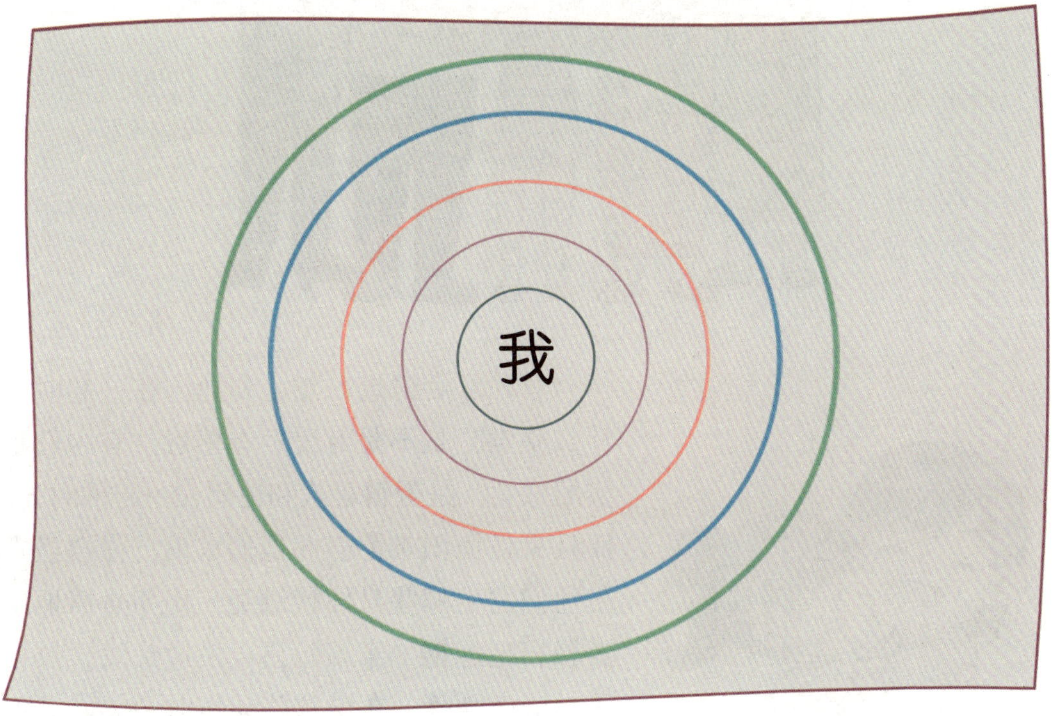

在代表自己的圆圈之外，就是你接触过的所有人，应该把他们分别放在哪一层圆圈内呢？和他们的关系会给你带来什么样的感觉？你会和对方发生哪些身体接触呢？

先来看第一个圆圈，要把你最亲近、最信赖的人放进去。你会写上谁呢？比如爸爸、妈妈，或者爷爷、奶奶……请根据你的家庭情况和内心真实的感受来填写。

写好以后请想一想，和他们在一起时有什么感觉？是不是有爱、有感恩、有内心踏实的感觉？是否很喜欢和他们在一起的时光，而且有任何困难都会向他们求助？你会经常与他们发生哪些身体接触呢？比如热情地或者轻轻地拥抱、亲亲脸蛋、摸摸头发、拉拉手、搭肩膀等。在做这些动作时，你们是不是彼此都愉快地接受呢？

接下来看第二个圆圈，你要把谁放进去呢？想想你生活中的熟人，并写在里面。也许是亲戚，比如姨妈、叔叔、舅舅、表哥、表姐；也许是你的朋友、同学。

和他们在一起你心里有什么感觉呢？也许不像第一个圆圈里的人那么亲密，遇到隐私问题也不会向他们求助，但也许可以和他们交流心里的想法和困惑。你们会发生哪些身体接触呢？比如拥抱、击掌、握手，或者是坐在一起读书、做游戏。这时候，过于亲密的身体接触也许会让你觉得不舒服。

第三个圈里可以放入一些为社会做贡献的人，比如老师、医生、服务员、警察、消防员等。

社会离不开他们的贡献。我们在老师的指导下学习知识、获得成长；医生为我们治疗疾病，让我们保持健康；警察维护社会治安，保护我们的安全；消防员灭火救人，让我们过太平日子。

和他们在一起时你会有怎样的感觉？有时也许是快乐的，有时也许没什么感觉。那么，你和他们之间会有哪些身体接触呢？也许会握手，也许不想有身体接触，通过招手、鞠躬、微笑表达感情。

第四个圆圈里放入的是陌生人。你会在哪里遇到陌生人？道路上、公交车里、商店里……任何一个地方我们都可能会遇到陌生人。

不要随便和陌生人接触过密

和陌生人在一起会有哪些身体接触呢？

通常是没有的。我们大多数时候甚至不会主动和陌生人说话。当然，如果陌生人和你说话，你也不必太紧张，大多数陌生人都是友好的。当遇到陌生人和你说话时，首先要保持礼貌，身体保持 1 米左右的距离（也就是他伸手摸不到你的距离），这样既方便沟通，也能让彼此心里感觉安全、舒服。同时要注意，不食用陌生人给的食物、饮料，不随意接受陌生人的礼物。

当你填好自己的社交圈后，你觉得在哪个圈里隐藏的坏人最多？你是否指向了第四个圈，认为陌生人里坏人最多？

其实答案并非如此。在社交圈里，离你越近的人与你越亲密，身体接触越多，伤害你的可能性越大。

据统计，性侵未成年人犯罪案件大多来自熟人作案，犯人多是受害者的邻居、亲人、父母的朋友、老师……

为什么会这样呢？有以下几个原因：

（1）他们更容易接近未成年人，不容易遭到拒绝。大多数时候，他们就是受害者社交圈里的第一圈、第二圈中那些经常接触的人。面对他们，未成年人的戒备心不强，容易误以为侵犯行为是在关心自己；或者意识到自己受到侵犯的时候，可能因为害怕而不知所措，不敢说“不”，或者不敢反抗。

（2）这些侵犯者因为与未成年人熟悉，非常了解未成年的脾气和性格，更容易用哄骗或者恐吓等方式让未成年人保守秘密。有时，被侵犯的未成年人会害怕给家人带来麻烦而顺从侵犯者，或者认为被侵犯是自己的错而不敢告诉家人。这使得侵犯者更加得寸进尺。

（3）侵犯者通常采用渐进式手段接触未成年人。比如利用易于接近未成年人的便利，用少量的金钱、物质引诱未成年人，或者用亲密的态度对待未成年人，以教学、交朋友、谈恋爱等名义让未成年人放松警惕，降低防范意识，得到初步身体接触的机会，然后用亲吻表示“好感”，用抚摸未成年人的身体表达特别的爱，最后达成对未成年人的性侵犯。因为是渐进式的侵犯，未成年人有时候不知道应该如何应对，甚至会反过来怀疑是自己过度敏感了。而这时未成年人如果坚决抵抗，还有可能受到侵犯者的威胁，甚至暴力侵害。

（4）家庭成员的不当行为。家庭成员也有可能做出一些不恰当的行为，而没有意识到会给未成年人带来伤害。比如，家人帮 6 岁以上的未成年人洗隐私部位、在 6 岁以上的未成年人面前随意暴露自己的隐私部位、用未成年人的隐私部位开玩笑、给两岁以上的未成年人穿开裆裤等。

当然，陌生人也可能对未成年人进行性侵犯。他们大多采用身体接触、言语骚扰、不文明动作等方式，或者通过网络、电话骚扰，也有人会采用暴力手段伤害未成年人。

你一定要相信，世界上大多数人都是关爱未成年人的。当你需要帮助的时候，他们会及时给予你关心和爱护。伤害未成年人的只是极少数的人。

那么，我们要怎么做才能保护自己免受伤害呢？

防范性侵害首先要做的就是筑起思想防线，提高辨识能力，以预防为主。

第一，衣着得体不贪心。

不管是在家还是在外面，都要穿着得体，不穿太过暴露的衣服。不独自在无人的隐蔽场所逗留，不因贪小便宜而随便接受他人的礼物、食物和饮料，以免掉进对方设置的陷阱。

在家也要乖乖穿衣服

陌生人的东西不要收

第二，谨慎待人界限清。

对自己特别热情的人，无论是熟人还是陌生人，都要加倍注意。如果对方有亲近你身体的行为，一旦感觉不舒服，不论对方是有意还是无意的，都要让对方立刻停止这样的行为，并且告诉你信任的家人。

要勇敢说「不」

第三，行为端正态度明。

与朋友、老师或其他熟人单独相处时，要打开房门，不要在密闭的空间与人单独相处。对方如有动手动脚的越轨行为，拒绝时要坚决，态度要明确。

第四，遇到危险快逃跑。

面对年长于你的侵犯者，反抗可能使自己遭受更多的伤害，要抓住时机尽快逃跑，优先保证自己的安全。

第五，法律武器保安全。

如果不幸遭到伤害，千万不要隐瞒，要及时告诉你信任的成年人，通过法律武器保护自己，忍气吞声只会让犯罪分子得寸进尺。要记住，生命安全最重要！

如果你感觉有人正对你实施性侵犯，应该怎么办呢？

（1）大声拒绝，严肃地告诉侵犯者：不可以！不行！

（2）迅速离开危险场所，到一个安全的、可以保护你的地方。

（3）一定要把这件事告诉你信任的人，让他们保护你，并且远离侵犯者。

当你觉得家人也不能给予你保护时，要及时求助学校或者公安机关，比如找信赖的老师帮助你，或者到派出所找警察咨询并寻求帮助。你的人身权利受法律保护，保证你的安全是全社会的责任。如果你受到伤害，那不是你的错，要记得生命最重要，在有条件的情况下应仔细保留证据并及时联系公安机关。

一定要记住，无论侵犯者做了什么，都是他们的过错。千万不要自责，或因为害怕自己做错事挨骂而不敢求助。

第三节 用法律武器保护自己

亲爱的同学，你好！你有没有关注过自己拥有哪些权利，以及如何保护自己的权利不受侵犯呢？

权利是指公民或法人依法行使的权力和享受的利益。我国给予了未成年人特别的保护，比如颁布《中华人民共和国未成年人保护法》《中华人民共和国预防未成年人犯罪法》《中华人民共和国妇女儿童权益保护法》等，最高人民法院还发布了《关于依法惩治性侵害未成年人犯罪的意见》。

国家为什么要专门立法保护你们呢？因为你们是未成年人，是未来社会的建设者，但是现在的你们年龄尚小，心智和身体尚未发育成熟，认知能力和辨别能力还需要不断提升，也没有独立生存的经济保障，在社会上相对弱小。特别的保护是为了促进你们健康成长，让每个孩子都过上安全、充实、有尊严的生活。

但是，侵害未成年人权益的现象在任何国家和地区都难以完全消除，所以我们要知晓法律法规，了解自己拥有哪些权利，学习如何保护自己的权益不受侵犯。

自身权益心中明，侵犯行为必叫停。
遇到伤害不隐瞒，告知家人速报警。
法律面前都平等，知法守法心安宁。

下面，我们来具体了解与“性”有关的权利。

性，涉及生殖、亲密关系、性别、性信息、避孕、性传播疾病，以及自我保护等内容。

性权利是每一个人与生俱来的基本人权。我们每一个人从诞生开始就享有一切人权，包括性权利，例如少年儿童享有接受性教育权、性隐私受保护权、性平等权、性表达权、性健康权、身体安全权等。

1. 少年儿童接受性教育权

上面的场景中，这位妈妈就忽视了孩子接受性教育的权利。每一个孩子都有对自己身体发育过程产生疑问的权利、提问的权利、获得答案的权利，以及从父母那里获取相应的性知识的权利，而父母也有对子女进行性教育的义务。

无论是家庭还是学校，都应该根据孩子的身心发展需要提供有益的信息。比如在学校里，老师们要根据孩子的年龄阶段逐年开展全面的性教育，因为不同年龄段的孩子对性知识有不同的需求。

你还可以通过报纸、书籍、网络和其他方式了解性知识。不过，最好在大人们的监管和指导下学习，这样可以确保你获得的信息是科学的，同时不会对你造成伤害。

2. 少年儿童性隐私受保护权

小明过 9 岁生日的时候，妈妈把他从小到大的照片放到了朋友圈，祝贺孩子的成长。但是，其中有一张是小明小时候穿开裆裤露出隐私部位的照片，这让小明很长时间都觉得在熟人面前很尴尬。妈妈自以为充满爱心的行为却侵犯了孩子的性隐私权，给孩子造成了心理伤害。所以，家长要时刻注意保护孩子隐私，并教会孩子保护好自己的隐私部位和个人信息。

如果遇到下面这样的情况你会怎么做？

有人通过微信添加不满 14 岁的小刚为好友，并说自己是生理老师，以视频教学为名要求与小刚视频裸聊。

相信如果你遇到这样的人，第一时间就会将其拉黑，并将其微信号举报给管理员。

这是生活中真实发生的案件，根据《中华人民共和国刑法》有关规定，法院最终认定这位被告人犯有猥亵儿童罪，判处有期徒刑四年。

联合国儿童基金会2018年的调查显示：全世界每天有超过17.5万名儿童第一次上网，平均每半秒钟就会增加一名儿童网民。对网络世界的访问既让儿童受益，也让儿童面临很大的风险。

你可能会在网络上接触到有害内容、遭受网络恶意的言语伤害，以及遇到个人信息泄露的情况等。

那么，在使用网络时要如何保护自己呢？

第一，发布任何内容时注意不要透露自己的个人信息，比如真实姓名、家庭住址、学校和班级等。如果不能避免，最好不要发布。

第二，绝对不能传播自己和他人裸露身体的照片和视频。传播他人裸露身体照片是侵犯他人的肖像权和隐私权的行为。同时，照片上传后，还可能被坏人利用。

第三，学会使用社交软件的隐私保护功能。例如：添加好友时增加验证环节，问清对方的信息再添加；给朋友圈设定权限，只让家人、朋友和一些关系亲密的人观看自己的朋友圈。

第四，如果在网络上有人做出伤害你与他人的行为，不要再回复他，并立即报告给网络管理员和家人、老师。

3. 少年儿童性平等权

所有少年儿童都具有相同的性权利。无论性别、年龄、种族、地区、健全与否，任何少年儿童都不应该受到歧视。

4. 少年儿童性表达权

少年儿童的隐私部位，例如口唇、耳根、胸部、脖颈、生殖器官等，都是他人不可以随意触碰的地方。只要是你不喜欢的身体接触，你都可以严肃地拒绝。相信真正喜欢你的人会尊重你，用你喜欢的方式与你相处。

5. 少年儿童性健康权

少年儿童性健康意味着不受疾病的困扰，同时也意味着儿童能用积极正确的态度对待性和周边的人际关系，不受压迫、歧视和暴力威胁，能够安全、幸福地生活。

你有维护性健康的权利，可以拒绝任何可能损害性健康的行为。如果遇到性健康问题，比如阴茎疼痛、乳房肿胀等，你有权要求父母带自己就医。

6. 少年儿童身体安全权

妇女和少年儿童是家庭暴力的主要受害者 2016 年 3 月 1 日，《中华人民共和国反家庭暴力法》正式实施，让惩治家暴行为有法可依。

妇女维权公益服务热线"12338"受理有关妇女儿童遭受侵权的案件。如果你遇到了人身权利被侵犯的情况，可以在家人或老师的帮助下接受救助，使用法律武器保护自己的合法权益。

我们每个人都有权保护自己的合法权利不受侵犯，同时也有义务尊重他人的权利，不给他人造成困扰和伤害。知法守法，才能给生活带来更多的安宁和快乐。

第五章

男生女生都很棒

第一节 了解男女差异，接纳自己的性别

亲爱的同学，你好！你觉得做男孩好还是做女孩好呢？

有的同学觉得做男孩更好。他们认为男性比女性更聪明。比如，1901～2022年，共989人次获得诺贝尔奖，其中女性61人。

你赞同这个观点吗？

其实，没有人能够拿出说服所有人的科学依据证明男性比女性聪明。随着社会的发展，女性已经证明，她们完全可以在学术上取得不输男性的成绩。

有的同学觉得做女孩更好。他们认为女孩可以穿漂亮的衣服，说话很温柔，也很会照顾人。

其实，我们生活中有很多男性也温柔体贴，很会照顾人。也有越来越多的男性开始从事护士、教师、厨师等主要工作内容是服务他人的职业。

护士

教师

厨师

由此看来，生活中一些传统的性别差异观念不一定正确。当然，你可能会从身边同学的行为中看出性别的差异，比如对玩具的偏好：男孩多偏爱自己可以主动操控的玩具，如汽车、火车、大炮等；女孩多偏爱漂亮的玩具，如毛绒玩具、芭比娃娃等。但其实这并不绝对，生活中也有喜欢娃娃的男孩和喜欢飞机、大炮的女孩。

你在生活中遇到过类似下面这样的情形吗?

同学们正在为放学后做什么游戏展开争论。

男孩们说:“放学了就该好好运动运动，打篮球、踢足球，或者比一比谁的玩具汽车更快，还可以玩小兵打仗的游戏。”

女孩们说:“这太疯狂啦！汽车太快多危险，打仗多容易受伤啊。我们应该坐在一块聊聊天儿，说说自己喜欢的明星、画画漫画，还可以打打羽毛球，这样才比较放松。

你怎么看待同学们的争论呢？你觉得哪种活动方式最好呢？

其实，这些游戏本身没有好坏之分，适合自己的就是最好的。无论男孩女孩，只要能够选择自己喜欢的游戏方式，就可以享受其所带来的乐趣了。

当然，喜欢玩对抗性强的游戏的同学要时刻注意安全，不喜欢冒险的同学也可以慢慢做新的尝试，也许会发现更多新的乐趣。

如果你的班级里两种性别群体喜欢截然不同的活动方式，可以试着突破男孩和女孩间的界限，尝试体验另一种性别的同学偏爱的活动，一定会有不一样的体验。

除了游戏活动，在生活中你还会发现男孩、女孩有其他一些不同。比如处理问题、表达情感的方式可能不同，关注的事物也可能不同。

请你试着回忆一下，在班级里曾经出现的哪些矛盾可能是由性别差异引发的呢？

女生太娇气，一点小事不是说个没完就是哭哭啼啼，还爱记仇。我们“男儿有泪不轻弹”！

那是因为你们心肠硬，我们可不像你们这么粗心。我们善于理解别人，情感细腻！

我们女生有矛盾会讲道理，动口不动手，不像你们动不动就大打出手，太粗鲁！

你们虽然不打架，但爱吵架啊，经常只有两三个人在一起玩，哪像我们，总是一大群人一起玩！我们空间感好，玩魔方、拼乐高我们都在行，就连认路都比你们强！

我们自己能管理好自己，不像你们经常上课不遵守纪律，听讲不专心！

好了好了，说不过你们！

在这段争论里，
你是不是已经找到了男孩和女孩的很多不同？
让我们来揭秘为什么会有这些不同吧。

从科学的角度分析，男孩与女孩有什么区别呢？

情感表达

通常，女性的情绪识别能力比较强，更善于表露情绪，情感表达比男性强烈。你会发现，周围的女孩子更容易出现安慰同学的行为。

那为什么说女孩爱记仇呢？那是因为女孩子们更容易记住与情绪相关的事件。比如男孩和女孩争吵后，男孩很快就会把这件事忘到九霄云外了，而女孩可能很久以后仍旧对当时的情绪记忆极为深刻，而且还能够根据情境线索对事件进行回忆，尤其是那些引发负面情绪的事件。

有心理学家对成年人的哭泣行为做过调查，结果显示：女性哭泣的频率是男性的 5 倍。当然，情感表达的特点更多地与我们从小受到的教育和成长的环境相关，但并不绝对，也有情感表达能力强的男性和情感表达能力弱的女性。

但是，我们要注意的是，关注身心健康很重要。如果你长期被负面情绪困扰，一定要学习调整自己的情绪，相信周围有很多朋友愿意帮助你走出困境。当然，你也可以向家长、老师求助。

学习方式

女孩大脑中的一些区域发育得比较快，而男孩大脑中的另一些区域发育得更快一些。生理差异不能决定命运。

其实，无论是游戏活动、情感表达还是学习方式偏好，都是男性和女性心理和行为差异中很小的一部分。有科学家指出，男性和女性大脑间的差别至少有 100 多处，以上这些差异没有好坏优劣之分，更多的是个体生物遗传因素与环境交互影响的结果，这使不同人呈现出不同的身心特征。

尽管有时我们能在男孩和女孩之间发现各种各样的差异，但其实男孩和女孩在行为上的相同点远远多于不同点。而且随着社会文化和教育方式的不断变化以及不断地学习，这些差异也在慢慢减小。

上面的内容是否化解了你在生活中对异性的一些不理解呢？我们应带着欣赏的眼光看待自己的性别，寻找自己性别的优势，同时也要懂得欣赏和包容异性。这样，生活会变得更加精彩。

第二节 什么是社会性别

亲爱的同学，你好！你有没有觉得家人、老师等周围的人或者你自己，对男孩和女孩应该是什么样子有一定的观念，这样的观念是否在影响着你的生活呢？

明哲是一名 5 岁的男孩。他常常扮演成士兵，拿着玩具枪，穿上迷彩服，把家里当成战场。有时候，他会穿着这样的衣服和邻居家的小孩一起玩打仗的游戏。

今天，明哲想换一个样子。他在卫生间忙了好一阵，穿上了姐姐的裙子，戴上了妈妈的项链，还给自己涂了口红，洋洋得意地让家里人欣赏他装扮后的样子，还要到院子里让小伙伴们看一看。

你看到明哲的打扮会有什么感受呢？

觉得好笑

或

没什么感觉

或

其他

也许你会觉得这样的明哲有点奇怪，因为这好像不是你常看到的男孩的样子。

你有没有发现，社会对男孩和女孩应该是怎样的有一定的预期，就像是从很早就给男孩和女孩分配了不同的角色，把每个人归入一个类别。这是与自然性别无关的类别，我们叫它社会性别。

所以，当你一出生，不仅拥有生理上的性别，还拥有社会性别，也就是周围人期待的男孩或女孩的样子。在你的整个童年时代，你都在为自己构筑某种性别身份。你从自己、爸爸妈妈、书本、电影电视里的人物以及身边各种榜样身上学习并慢慢成为男性、女性的样子。

和与生俱来的生理性别不同的是，社会性别是受社会文化影响形成的。不同的时代、不同的民族和地域都会有不同的要求，并且在不断变化发展。

人类学家曾经观察过太平洋新几内亚岛上的三个部落，即山地的阿拉佩什（Arapesh）部落、河边的蒙杜古马（Mundugumor）部落、湖边的德昌布利（Tchambuli）部落。研究发现，男女社会性别上的差异因为文化形态不同而迥然不同。

德昌布利部落中男性和女性有明显的不同。这里的女性是社会经济支柱，重实际、理性；男性纤柔、多愁善感，平时喜欢做一些艺术作品，还喜欢花时间修饰自己的容颜。

蒙杜古马部落无论男女都普遍残暴、有竞争性，表现出刚毅、凶悍的性格。

而在阿拉佩什部落中，男女都有相似的温和气质、合作精神，表现出温柔、平和的性格特征。

我们的文化当然和这三个部落的文化大不相同，在我们生活的社会中，又是怎样的状况呢？

让我们一起来看一个小故事：

有一次，A驾驶飞机参加飞行训练，刚刚发出收起落架的口令便听到“嘭”的一声，一摊鲜血喷溅到风窗玻璃上，瞬间座舱内便充满了焦糊味。A凭直觉判断，是飞机撞上鸟群了，紧接着机械师报告右发动机温度升高、动力下降。在危急的情况下，A表现出了年轻飞行员少有的镇定，集中精力使飞机保持稳定状态，和机组人员密切协作，采取正确的应对方法，11分钟后飞机在跑道上安全降落。

经过检查发现，飞机遇到了一群鸽子，右发动机涡轮叶片被打折两根，进气管道已经被4只鸽子堵塞了3/4。如果当时处理不当，后果将不堪设想。

故事讲完了，你是不是非常佩服A？你认为可以用哪些词语来形容A呢？

也许你会说出“勇敢”“临危不乱”这样的词语。

在你脑海里，这位飞行员长什么样子，是男性还是女性呢？

也许你会觉得A是男飞行员，因为飞行员是一种操作机械的工作，有一定的危险性，需要良好的身体素质，是一种适合男性的工作，而且A遇到危险时还能这么镇定、勇敢。

但事实上，这个故事里讲到的飞行员正是中国第一位女航天员——刘洋。

女航天员选拔条件和标准跟男航天员差不多，包括身体素质、心理素质以及飞行阅历等。

其实，无论是航天员还是其他职业，大部分工作男性和女性都同样可以承担。无论是刘洋还是你和我，无论是男性还是女性，一样可以拥有对工作的热爱、强烈的责任感、过硬的技术和胆识、健壮的身体、丰富的知识、良好的沟通能力等。

性别不是一把尺子，
不要用生理性别给自我设限，
你尽可以展示出最棒的自己。

请你猜一猜，以下情景中出现的是男性还是女性，或者二者皆有可能？

（1）这个人真勇敢，在陡峭的悬崖做攀岩运动。

（2）一名科学家从古老的中医文献中获得灵感，研制出新药。

（3）这位老师知识渊博，讲课非常有趣。

（4）这个孩子非常喜欢爬树，有点淘气。

（5）一名热心的护士正在病房忙碌地照顾患者。

（6）这名同学最喜欢研究数学问题。

我们并不能根据性别对人群进行简单的分类。

大多数时候，男性和女性具备同样的人格特点。拥有勇敢坚强、知识渊博、谈吐风趣、热心、细心这些特点或品质的，也许是女性，也许是男性。没有哪种美好的品质是某种性别所独有的。

那么职业呢

护士不一定是女性。现在已经有很多男性加入了护士的队伍。

学校、幼儿园里也有了越来越多的男教师。

当然，科学家也不一定都是男性，无数的女性科学家作出了重大的贡献。

我们评价一个人的工作情况，更多的是看他做得怎么样、为社会作出了哪些贡献，而不是看他是什么性别。

我们的社会性别是后天形成的。社会的发展给予我们更多展示自己才能的机会，让我们可以做自己喜欢的事情。任何行为都不是某个性别的“专利”。

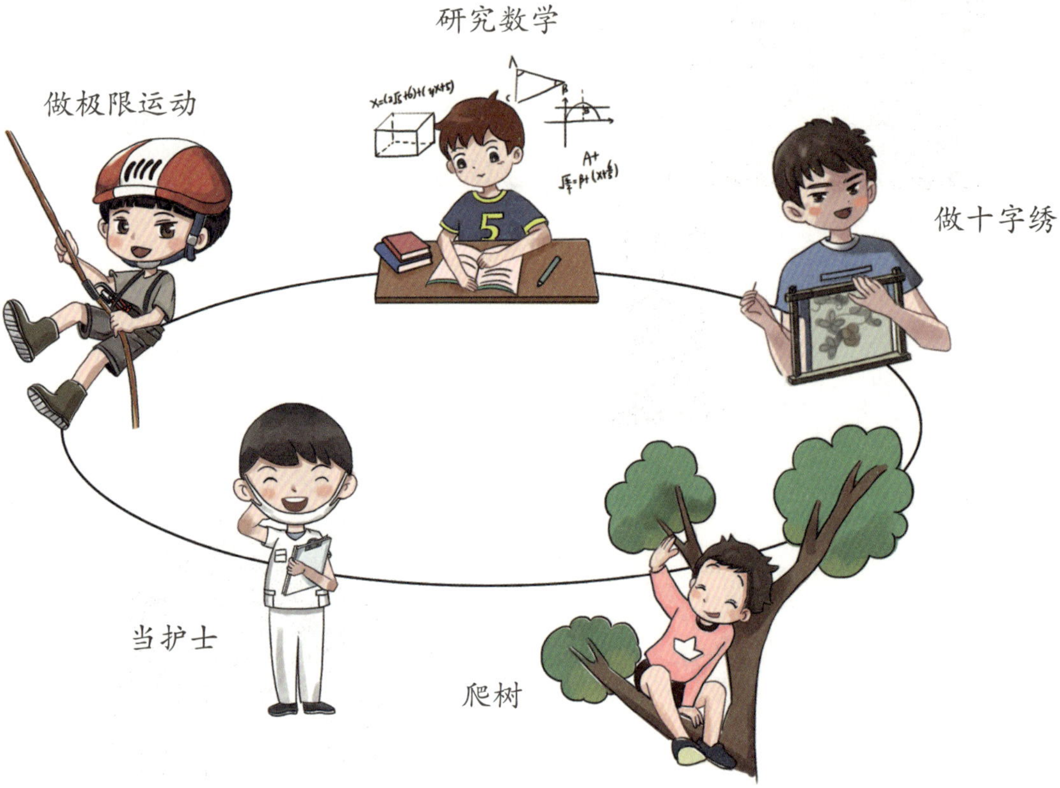

上面的六种情景，如果每一种你都认为“男女都可以”，那么恭喜你，你能够尊重并接纳每个人独特的社会性别。

男性和女性在生理、心理上的确是有一些差异的，如男性的肌肉力度更强、女性的柔韧性更好，男性和女性的学习方式不太一样等。

这些差异有些源于男性和女性先天生理条件的不同，有些则是在长期的生产生活中，由于男女劳作分工的不同，造成的身体结构功能差异。

与古代相比，现代生活几乎不再需要大量体力劳动，而需要人们更多地发挥智力作用。因此，男女的一些生理结构和功能的差异对生活和工作带来的影响越来越小。

男性和女性共同生活在这个社会中，必须相互理解和帮助。相信你也一定愿意突破自己，多做一些尝试，找到属于自己的独一无二的发展之路，成长为自己想要的样子。

你还记得明哲的故事吗？
他为什么不可以努力把自己打扮得漂漂亮亮呢？

明哲也许会得到家人的肯定，通过尝试找到适合自己的样子。在明哲与小伙伴交往的过程中，他也许会喜欢自己的与众不同，也许会遇到一些麻烦。但无论如何，明哲会不断学习、成长，构筑适合自己的社会性别，追逐自己的梦想。

第三节 我的未来很精彩

亲爱的同学，你好！你曾经认真观察过自己，了解过自己是一个怎样的男孩或女孩吗？请你认真思考一下，可以用哪些词语来表述自己的性别特点？

请准备一面镜子、一张纸、一支笔，让我们一起增进对自己的了解。

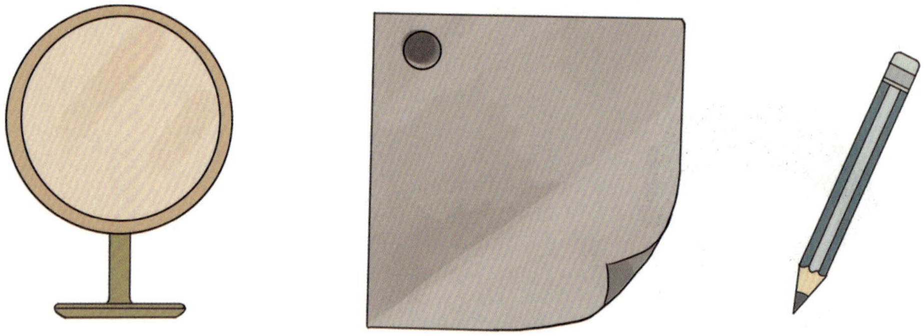

拿起镜子，仔细看看镜子里的自己，看一看你的脸、眉毛、眼睛、鼻子、嘴、耳朵，再摸一摸自己的皮肤、头发。放下镜子，看一看自己的身体，观察你的胳膊、手、腿和脚。转一转身，用你喜欢的方式感受一下自己的身体。

你眼中的自己是什么样的？在纸上画一张自画像吧。这张自画像要是从头到脚的全身像，画中的自己可以简单地站立着，也可以在做自己喜欢的事情。

画完以后，仔细看看画中的自己，用心想一想，你愿意用哪些词语形容自己呢？

你喜欢自己的性别吗？

作为一个男孩或者女孩，你认为自己有哪些特点会给自己带来快乐？把这些特点写在自画像的左边。接下来，再把会给自己带来不快乐的词语写在右边。

给自己带来快乐的特点　　给自己带来不快乐的特点

现在请你比一比，左右两边，哪边的词语更多一些呢？

如果自画像左边的词语更多，那么你一定很喜欢自己。如果你不满意右边的那些词语，甚至希望这些特点从自己身上消失，又该怎么办呢？

在生活中我们可以不断调整自己，保留好的，改变不好的，但很多时候是我们的视角出了问题。

如果你把目光都集中在痛苦和烦恼上，生命就会黯然失色；但如果你把目光转移到快乐之处，你就会得到幸福。而且，你往往比你想象的更优秀。

不相信吗？快拿着你的作品问一问你的朋友、家人、老师，在大家眼中你还有哪些非常棒的特点。你询问的这些人像一面面镜子，帮助你更全面地了解自己。

当然，如果你能够在生活中尽可能参与各种活动，与更多的朋友交往，丰富自己的生活，你会有更多的机会全面了解自己，找到自己更多的优势。你也可以经常写写日记，记录自己在生活中的点滴故事，这有助于你自我反思，更深入地了解自己。你还可以看一些名人传记，用名人的经历对照自己的成长过程，学会用发展的眼光看待自己。

你有什么梦想呢？
为什么会有这样的梦想？
为了实现自己的梦想，你愿意做些什么？

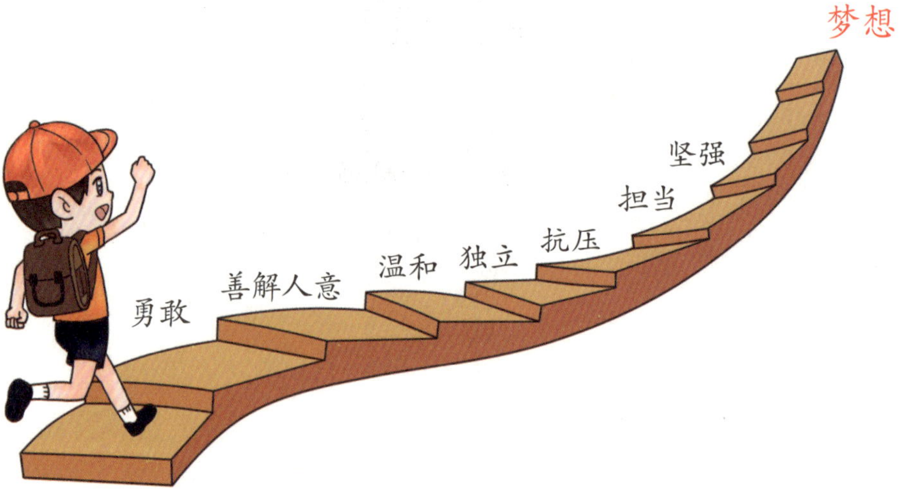

在追逐梦想的过程中，你将发掘出自己更多的潜能。无论是男孩还是女孩，好的品质都是我们要努力习得的，比如勇敢、善解人意、温和、独立、抗压、担当、坚强等。相信努力拥有这些优秀品质的你，会成为更优秀的自己。

当然，生活中，我们每一个人都是独一无二的，你也是。接纳性别差异，才能实现性别平等。无论男孩女孩，每个人都有自己独特的优势。你可以制订一个计划去发现、展示自己的优势，每一个人的人生都可以非常精彩。